Marcelino Menéndez y Pelayo

Historia de los heterodoxos españoles

Libro II

Barcelona **2023**
Linkgua-ediciones.com

Créditos

Título original: *Historia de los heterodoxos españoles.*

© 2023, Red ediciones S.L.

e-mail: info@linkgua.com

Diseño de cubierta: Mario Eskenazi.

ISBN rústica: 978-84-9816-622-4.
ISBN ebook: 978-84-9897-095-1.

Sumario

Créditos _____ 4

Brevísima presentación _____ 7
    La vida _____ 7
    La historia antigua de los heterodoxos _____ 7

Libro segundo _____ 9

Capítulo I. Herejías del primer siglo de la Reconquista. Elipando y Félix.
Adopcionismo _____ 11
    I. Preliminares _____ 11
    II. Atisbos heréticos antes de Elipando. El judío sereno. Conversión de un
    sabeliano de Toledo. Egila. Cartas del papa Adriano _____ 13
    III. Migecio. Es refutado por Elipando _____ 17
    IV. El adopcionismo en España. Impugnaciones de Beato y Heterio _____ 19
    V. El adopcionismo fuera de España. Concilios. Refutaciones de Alcuino, Paulino
    de Aquileya, Agobardo etc. _____ 35

Capítulo II. Siglo IX. La Herejía entre los muzárabes cordobeses. El
antropomorfismo. Hostegesis _____ 60
    I. Estado religioso y social del pueblo muzárabe _____ 60
    II. Herejía de los acéfalos _____ 67
    III. Espárcense doctrinas antitrinitarias. Álvaro cordobés y el abad «Spera-in-Deo»
    las refutan _____ 68
    IV. Apostasía de bodo Eleázaro. Su controversia con Álvaro cordobés _____ 69
    V. Hostegesis. El antropomorfismo _____ 73
    VI. El Apologético del abad Samsón. Análisis de este libro _____ 82

Capítulo III. Un Iconoclasta español en Italia. Vindicación de un adversario de
Escoto Erígena _____ 90
    I. Antecedentes de la herejía iconoclasta _____ 90

II. Claudio de Turín. Su herejía. Su Apologético. Impugnaciones de Jonás Aurelianense y Dungalo _____94

III. Otros escritos de Claudio_____106

IV. Vindicación de Prudencio Galindo. Su controversia con Escoto Erígena _____ 114

Libros a la carta_____ **135**

Brevísima presentación

La vida

Marcelino Menéndez y Pelayo. (1856-1912). España.

Estudió en la Universidad de Barcelona (1871-1873) con Milá y Fontanals, en la de Madrid (1873), y en Valladolid (1874), donde hizo amistad con el ultraconservador Gurmesindo Laverde, que lo apartó de su liberalismo.

Trabajó en las bibliotecas de Portugal, Italia, Francia, Bélgica y Holanda (1876-1877) y ejerció de catedrático de la Universidad de Madrid (1878). En 1880 fue elegido miembro de la Real Academia española, diputado a Cortes entre 1884 y 1892 y fue director de la Real Academia de la Historia. Al final de su vida recuperó su liberalismo inicial.

La historia antigua de los heterodoxos

Sin la historia eclesiástica (ha dicho Hergenroether) no hay conocimiento completo de la ciencia cristiana, ni de la historia general, que tiene en el cristianismo su centro. Si el historiador debe ser teólogo, el teólogo debe ser también historiador para poder dar cuenta del pasado de su Iglesia a quien le interrogue sobre él o pretenda falsearlo. [...] Nada envejece tan pronto como un libro de historia. [...] El que sueñe con dar ilimitada permanencia a sus obras y guste de las noticias y juicios estereotipados para siempre, hará bien en dedicarse a cualquier otro género de literatura, y no a éste tan penoso, en que cada día trae una rectificación o un nuevo documento. La materia histórica es flotante y móvil de suyo, y el historiador debe resignarse a ser un estudiante perpetuo...

A pesar de que, como admitía Menéndez Pelayo en las «Advertencias preliminares» a la segunda edición de *La historia de los heterodoxos españoles* de 1910, «nada envejece tan pronto como un libro de historia», ésta sigue siendo una obra sumamente erudita y un documento de incomparable interés para entender el pensamiento conservador de un sector significativo de la sociedad española de principios del siglo XX.

Libro segundo

Capítulo I. Herejías del primer siglo de la Reconquista. Elipando y Félix. Adopcionismo

I. Preliminares. II. Atisbos heréticos antes de Elipando. El judío Sereno. Conversión de un sabeliano de Toledo. Egila. Cartas del papa Adriano. III. Migecio. Es refutado por Elipando. IV. El «adopcionismo» en España. Impugnaciones de Beato y Heterio. V. El «adopcionismo» fuera de España. Concilios. Refutaciones de Alcuino, Paulino de Aquileya, Agobardo, etc.

I. Preliminares

Triste era el estado de la Península al mediar el siglo VIII. En las más fértiles y ricas comarcas imperaban extraños invasores, diversos en raza, lengua y rito y no inclinados a la tolerancia, aunque tolerante en un principio por la manera como se hizo la conquista. Había dado sus naturales frutos la venganza de los magnates visigodos, que quizá no pensaron llegar tan lejos. Coronada con rápido y maravilloso triunfo la extraña intentona de Tarik y de Muza, merced a los elementos hostiles que en España hervían; abiertas ciudades y fortalezas por alevosías o pactos; rendida en Orihuela la débil resistencia de Teudemiro, único godo que entre la universal ruina levantaba la frente; custodiadas por guarniciones árabes y judías Sevilla y Córdoba, Toledo y Pax Julia, hubieron de pensar los califas de Damasco en la importancia de tan lejana conquista y en la necesidad de conservarla. Creado, pues, el emirato, comenzó a pesar sobre el pueblo cristiano de la Península una dominación tiránica de hecho, aunque en la forma bastante ordenada. Indudable parece que los primeros invasores, casi todos bereberes, habían destruido iglesias y santuarios (sanctuaria destruuntur, ecclesiae diripiuntur, dice el arzobispo don Rodrigo); pero los emires respetaron, si bien con onerosas condiciones, el culto, y tampoco despojaron de sus propiedades a los vencidos, contentándose con imponerles pesadas gabelas. No es para maravillar, ni digna de muchos encomios, esta celebrada moderación y tolerancia. Eran los árabes en número muy corto, para que de otra suerte pudieran asentar su imperio en las tierras occidentales. Ni duró mucho esta virtud primera, puesto que llegados los gloriosos días del califato cordobés, en que la potencia muslímica se consideró segura, empezaron, más o menos embozados, actos de hostilidad contra las creencias de la gente muzárabe, y a la postre una persecución abierta y tenaz, que no acaba sino con el exterminio o destierro de una parte de esa raza y la libertad y salvación de otra por los reconquistadores. La triste, aunque, por más de un concepto, gloriosa historia de ese pueblo cristiano, mezclado con los árabes, ha de ser estudiada bajo el aspecto religioso en el capítulo que sigue.

Otro fin tiene el presente, en el cual se tocan y andan en acción y liza sucesos y personajes de las diversas regiones libres o esclavas de la tierra ibérica. Veremos brotar simultáneamente la herejía adopcionista entre la población muzárabe de Andalucía y Toledo y en los dominios de la *Marca Hispánica* ya reconquistados por los reyes francos. Veremos levantarse contra esa herejía en los montes cántabros un controversista ardiente e infatigable; y así, en él como en sus contradictores advertiremos con gozo que no estaba muerta ni dormida la ciencia española e isidoriana, y que sus rayos bastaban para iluminar y dar calor a extrañas gentes. Esa controversia, nacida en nuestras escuelas, dilucidada aquí mismo, pasa luego a los Pirineos, levanta contra sí papas, emperadores y concilios y aviva el movimiento intelectual, haciendo que a la generosa voz del montañés Beato y del uxamense Heterio respondan no con mayor brío, en las Galias, Alcuino, Paulino de Aquileya y Agobardo. Este duelo interesantísimo de la verdad y el error en tiempo que algunos suponen de oscuridad completa, es el que voy a describir. Pronto conoceremos a los héroes del drama. La escena varía con rapidez grande de Córdoba a Toledo, de Toledo a las guájaras y riscos de Liébana, de allí a Urgel, de Urgel a Ratisbona, a Francfort y Aquisgrán. Movimiento y vida no faltan, ¡ojalá acierte yo a reproducirlos!

La condición política y social de las regiones en que esta contienda se desarrolla es bien conocida y no requiere larga noticia. En Córdoba y Toledo imperan los muslimes, aunque disfruta de relativa libertad el pueblo vencido. En Asturias y Cantabria, donde el romano Pelagio, al frente de sus heroicos montañeses, había deshecho las huestes de Alkama, no guiaban ya sus haces a la pelea y a la devastación Alfonso el Católico ni Fruela. La reconquista (si idea de reconquista hubo en el primer siglo) se había detenido en los reinados de Aurelio (ocupado en sofocar la misteriosa rebelión de los siervos) y del rey Silo. La espada de Carlomagno acababa de arrancar a los árabes buena parte de Cataluña. En los vastos dominios de aquel emperador, y a su sombra, apuntaba cierta manera de renacimiento literario, a que por partes iguales contribuyeron, como adelante veremos, los hijos de las islas Británicas y los españoles.

El relato de las discordias religiosas que siguieron a la conquista musulmana mostrará a nueva luz: de una parte, el desorden, legítima consecuencia de tanto desastre; de otra, la vital energía que conservaba nuestra raza el día después de aquella calamidad, que en tan enérgicas frases describe el rey sabio, siguiendo al arzobispo don Rodrigo, como éste al Pacense: «E fincara toda la tierra vacía de pueblo, bañada de lágrimas, complida de apellido, huéspeda de los extraños, engañada de los vecinos, desamparada de los moradores, viuda e asolada de los sus fijos, confondida de los bárbaros, desmedrada por llanto e por llaga, fallescida de fortaleza, flaca de fuerza, menguada de conorte, asolada de los suyos..., toda la tierra astragaron los enemigos, e las casas hermaron, los omes mataron, las cibdades robaron e tomaron. Los árboles e las viñas e cuanto fallaron verde, cortaron; pujó tanto esta pestilencia e esta cuita, que non fincó en toda España buena villa nin cibdad do obispo oviesse, que non fuesse quemada e derribada e retenida de los moros».

Tales días alcanzaron Egila y Migecio, Félix y Elipando.

II. Atisbos heréticos antes de Elipando. El judío sereno. Conversión de un sabeliano de Toledo. Egila. Cartas del papa Adriano

Por los años de 722, un judío llamado Sereno dijo ser el Mesías, y seguido por algunos ilusos, probablemente de su misma secta, emprendió desde Andalucía un viaje a la tierra de promisión. Refiérelo el Pacense[1] con harta brevedad. Sereno había impuesto a los suyos renuncia absoluta de todos sus bienes, que luego confiscó en provecho propio el emir Ambiza.

Cuando los árabes conquistaron a Toledo concedieron al pueblo vencido seis parroquias para su culto. Gobernando aquella iglesia el biógrafo de san

---

[1] «Huius et tempore Iudaei tentati, sicuti iam in Theodosii minoris* fuerant, a quodam Iudaeo sunt seducti, qui et per antiphrasint nomen accipiens Serenus, nubilio errore eos invasit, Messiamque se praedicans, illos ad terram repromissionis volari enunciat, atque omnia quae possidebant ut amitterent imperat: quo

13

Ildefonso, Cixila, inmediato antecesor de Elipando, apareció un sabeliano energúmeno, a quien el venerable prelado sanó de la posesión demoníaca y del yerro antitrinitario. Así lo dicen algunas copias del *Chronicon* de Isidoro Pacense, aunque en otras falta este lugar.[2] Cixila rigió la iglesia toledana nueve años: desde 774 a 783, poco más o menos.

En la Bética habíanse esparcido graves errores y no eran raras las apostasías, sin que hubiese bastante número de sacerdotes para resistir al contagio. Movido de tales razones, el papa Adriano I envió por este tiempo a España, con la dignidad de obispo de Ilíberis, a un cierto Egila o Egilán, que en las Galias había sido ordenado y consagrado por el obispo senonense Wulchario. Llegó Egila, acompañado del presbítero Juan, y comenzó a extirpar las herejías que asomaban en tierra andaluza, no sin que encontrara recia oposición en tal empresa. Animóle Adriano a continuar su buen propósito, y tenemos del Pontífice dos epístolas que dan alguna idea del número y calidad de esos errores: «Decías en tus letras (escribe Adriano a Egila) que entre vosotros hay contienda, negándose algunos a ayunar el sábado. No sigas tú la impía y perversa locura, las vanas y mentirosas fábulas de esos herejes, sino los pareceres de san Silvestre y del papa Inocencio, de san

---

facto inanes et vacui remanserunt. Sed ubi hoc ad Ambizam pervenit, omnia quae amiserant, fisco associat; Serenum convocans ad se virum, si Messias esse quae Dei facere cogitaret» (párrafo 53 del *Chronicon*, ediciones de Flórez [*España sagrada*] y Migne [Patr., fol. 96]).

---

* Falta temporibus o algún ablativo equivalente. El pasaje está muy corrompido en los dos textos que tengo a la vista. Falta este trozo en muchas copias del Pacense, y quizá sea intercalación; hállase en el códice de Alcalá y en el de París, utilizado por el arzobispo Pedro de Marca.

2 «Quodam die homo haeresi Sabelliana seductos voluit accedere core,* perquisitus est ab eo ut cum tali reatu esset concio, illeque abnegans tali scelere: qui statim ita a daemone est arreptus ut omnis conventus Ecclesiae in stupore reverteretur: sicque Sanctus ut oratione se dedit, et Sanctae Ecclesiae sanum reddidit et illaesum» (Chron., n.º 69).

Grande es, como se ve, la barbarie de este pasaje, casi ininteligible. Algo habrá influido en ello el descuido de los copistas.

---

* Acaso coram.

Jerónimo y san Isidoro, y, conforme a la antigua regla apostólica, no dejes de ayunar el sábado... Lee también los opúsculos de san Agustín».[3]

La segunda decretal de Adriano es larguísima y mucho más importante. Recibidas por el papa las cartas de Egila y de Juan, que le entregaron el diácono Sereno y el clérigo Victorino, alabó mucho a Egila por su constancia en la fe, de la cual había logrado copioso fruto, desarraigando varios errores y volviendo al redil a más de una oveja descarriada. Dedúcese de la epístola de Adriano que muchos en la Bética se resistían a cumplir el canon del concilio Niceno sobre el día de celebración de la Pascua: Quod si plenilunium, quartodecimo scilicet die Lunae, Sanctum Pascha mininte sit celebratunt, sed praetermisso eodent quintodecimo die in alto sequentis septimanae Dominico, quod est vicesimosecundo Lunae die, Paschali festi gaudia pronuntiantur celebranda. El concilio Antioqueno había excomulgado a los que se apartasen de la decisión de Nicea en este punto. Trasladando la Pascua, como hacían los andaluces, del día 14 de Luna al 22, y no al 21, en vez de una semana, se dilataba la fiesta una ogdoada, cosa en todo contraria al rito de la Iglesia.[4]

Fuera de este punto disciplinario y de la sentencia de los que condenaban la abstención a sanguine et suffocato (lo cual el papa califica no de herejía, sino de falta de sentido común: ipsius quoque intelligentiae communis prorsus

---

3 «Porro in ipsis referebatur apicibus tuis qualiter vobis nimis intentio est de sexta feria et sabbato, quod istos duos dies dicimus ieiunio mancipandos. Nequaquam hocreticorum hominum ignaviam atque impiam perversamque amentiam, inanesque ac mendaces sequere fabulas, sed magis doctorum nostrorum Sanctorum Patrum... videlicet Beati Sylvestri atque Innocentii Papae, pariterque almi Hieronymi seu Isidori divinos sermones annecte et ex nostra Apostolica olitana regula, sabbato ieiunare, firmiter atque procul dubio tenens, tua non desinat Sanctitas... Et B. Augustini opuscula legere non praetermittas» (epístola 1 del papa Adriano, tomo 5 de la *España sagrada*, página 528).

4 «His nempe septem diebus a quartodecimo Lunae die, quod est plenilunium, si Dominica tamen occurrerit, quae est prima et sancta dies, pro eo quod non oportet in ea ieiunare, intermissis in alia Dominica quae est sancta et prima dies, vicesimaprima Luna, rationis ordo exigit a Christianis Sanctum Pascha celebrandum. Nam in sabbato quartadecima Luna advenerit, non est intermittenda subsequens Dominica, quintadecima videlicet Lunae dies, venerantes eamdem Dominicam, quae est prima sabbatorum dies in qua lux, iubente Deo, in ipso mundi exordio prodiit, in qua et vera lux, Salvator noster, ab inferis carne resurrexit» (epístola 2 del papa Adriano, tomo 5 de la *España sagrada*, página 532).

extraneum), había en la Bética reñidas controversias sobre la predestinación, exagerando unos el libre albedrío a la manera pelagiana y yéndose otros al extremo opuesto por esforzar el decreto y potestad divinos.[5] El papa refuta las dos opiniones extremas con las palabras de san Fulgencio en el opúsculo al presbítero Eugipo: «No han sido predestinados al pecado, sino al juicio; no a la impiedad, sino al castigo. De ellos es el obrar mal; de Dios el castigarlos con justicia». (*Praedestinatos impios non ad peccatum sed ad iudicium, non ad impietatem sed ad punitionem... Ipsorum enim Opus est quod impie faciunt, Dei autem opus est quod iuste recipiunt.*) Además de todo esto y por la convivencia con judíos y musulmanes, introducíanse muchos desórdenes; eran frecuentes los matrimonios mixtos, el divorcio, las ordenaciones anticanónicas y el concubinato de los clérigos.[6]

A combatir tales prevaricaciones había ido Egila, pero como la locura tiene algo de contagiosa, también él cayó de la manera que testifica una tercera carta del papa Adriano a todos los obispos de España (*omnibus episcopis per universam Spaniam commorantibus*). «Recomendónos Wulchario, arzobispo en las Galias, a un cierto Egilán para que le enviásemos a predicar a vuestras tierras. Accediendo a su petición, dímosle la acostumbrada licencia para que examinase a Egilán canónicamente, y si le encontraba recto y católico le consagrase obispo y le mandase a España no para invadir o usurpar ajenas sedes, sino para procurar el bien de las almas...[7] Y ahora ha llegado a nuestros oídos la fama de que el dicho Egilán no predica doctrina sana, sino

---

5   «Illud autem quod alii ex ipsis dicunt, quod praedestinatio ad vitam sive ad mortem, in Dei sit potestate: alii iterum dicunt, ut quid rogamus Deum ne vincamur tentatione, quod in nostra est potestate, quasi libertate arbitrii?» (ibíd., página 533).

6   «Multi dicentes catholicos se, communem vitam gerentes cum Iudaeis et non baptizatis paganis... Ipsi filias suas cum alio benedicant, et sic populo gentili tradentur... Etiam vivente viro mulieres connubio sibi sortiantur ipsi pseudosacerdotes» (ibíd., página 535).

7   «Dudum vero quod Wulcharius Archiepiscopus Galliarum suggessit nobis pro quodam Egila, ut eum episcopum consecraret, valde nimisque cum in fide catholica et in moribus atque actibus laudans ut consecratum vestris partibus emitteret ad praedicandum. Nos vero praedicti Wulcharii Archiepiscopi petitioni

que defiende y quiere introducir los errores de un tal Migecio, maestro suyo. Lo cual os ruego que no consintáis en manera alguna.»[8]

Veamos quién era Migecio y qué enseñaba, y con eso conoceremos a su adversario Elipando.

III. Migecio. Es refutado por Elipando

Ignoro la patria de Migecio, que tal vez fue hispalense o hispalitano, como Elipando dice, pero no creo que nuestras ciudades vayan a disputarse la gloria de ese Homero. Era Migecio ignorante, e idiota hasta el último punto, y parece inverosímil que sus risibles errores pudieran seducir a nadie, y menos al obispo Egilán. Afirmaba que la primera persona de la Trinidad era David, Por aquello de *Eructavit cor meum verbum bonum* por este otro pasaje: *Non derelinques animam meam in inferno, neque dabis Sanctum tuum videre corruptionem*. La segunda persona era Jesucristo en cuanto hombre, porque descendía de David, esto es, del Padre Eterno: *Qui factus est de semine David secundum carnem*. El Espíritu santo, en la Trinidad de Migecio, era el apóstol san Pablo, porque Cristo dijo: *Spiritus qui a Patre meo procedit, ille vos docebit omnem veritatem*.

Preguntaba Migecio: «¿Por qué los sacerdotes se llaman pecadores siendo santos? Y si son pecadores, ¿por qué se atreven a acercarse al altar?». Para él la Iglesia católica estaba reducida a la ciudad de Roma, porque allí todos eran santos y de ella estaba escrito: Tu es *Petrus, et super hanc petram aedificabo Ecclesiam meam*, y por ser Roma la nueva Jerusalén que san Juan vio descender del cielo. Reprobaba finalmente Migecio que el fiel comiera con el infiel: *Quod cibus infidelium polluat mentes fidelium*.

---

credentes, consuetam illi licentiam tribuimus, ut canonice eum examinaret, quatenus si post discussionem et veram examinationem rectum et catholicum eum invenisset, Episcopum ordinaret et nullam quamlibet alienam sedem ambiret vel usurparet, sed solummodo animatum lucra Deo offerret...» (ibíd, página 538).

8 «Eius fama in auribus nostris sonuit: non recte ille Egila praedicat, sed errores quosdam Mingentii magistri sui sequens, extra catholicam disciplinam, ut fertur, conatur docere», etc. (ibíd., página 538).

Era a la sazón metropolitano de Toledo el famoso Elipando, nacido de estirpe goda[9] en 25 de julio de 717;[10] el cual, inflamado por el celo de la fe, contestó al libro de Migecio (*epistolam tuam modulo libellari aptatam*) en una larga carta enderezada al mismo hereje. No escasean, por cierto, las invectivas ni los sarcasmos: Vimos y nos burlamos de tu fatua y ridícula locura. Antes que llegase a nosotros el fetidísimo olor de tus palabras... Tu desvarío no debe ser curado con vino y aceite, si no con el hierro. No encontró dificultad Elipando para dar buena cuenta de las aberraciones de Migecio. ¿Cómo David había de ser el Padre Eterno, cuando dice de sí mismo: *In iniquitatibus conceptus sum, et in peccatis peperit me mater mea. Ego sum qui peccavi, ego qui inique egi*? ¿Cómo el Espíritu santo había de ser san Pablo, trocado de perseguidor en apóstol, después de haber custodiado las vestiduras de los que lapidaban a Esteban y oído en el camino de Damasco aquella voz: *Saule, Saule, quid me persequeris*?

Enfrente de la Trinidad corpórea de Migecio coloca Elipando el dogma ortodoxo de las tres personas: espirituales, incorpóreas, indivisas, inconfusas, coesenciales, consustanciales, coeternas, en una divinidad, poder y majestad, sin principio ni fin, de las cuales el profeta tres veces dijo: santo, santo, Señor Dios Sabaoth: llenos están los cielos y la tierra de tu gloria.

En lo relativo a los sacerdotes, asienta cuerdamente el metropolitano de Toledo que, *siendo pecadores, non naturae viribus sed propositi adiumento per gratiam adquirimus sanctitatem*. Por lo que hace a la comida con los infieles, bastóle recordar que Cristo había comido con publicanos y pecadores. Ni toleró Elipando el absurdo de hacer a Roma único asiento de la Iglesia católica, cuando está expreso: Dominabitur a mari usque ad mare et a fluminibus usque ad terminos orbis terrae. No de sola Roma dijo el Salvador: *Super hanc petram*, etc., sino de la Iglesia católica, extendida por todo el

---

9   *Elipandus ex antiqua gothorum gente prognatus erat*, dice Mariana en su *Historia latina*. Elipando, como el nombre lo muestra, venía de la antigua sangre de los godos, repite en la castellana (lib. 7, cap. 8).

10   En igual día de 799 tenía ochenta y dos años, según consta en su carta a Félix.

18

orbe, de la cual el mismo Señor dijo: «Vendrán de oriente y poniente, y se recostarán con Abraham, Isaac y Jacob en el reino de los cielos».[11]

Todos estos buenos razonamientos de Elipando están afeados con alguna expresión de sabor adopcionista y muchos ultrajes a Migecio, al cual apellida boca cancerosa, saco de todas las inmundicias y otros improperios de la misma laya.

De otra carta de Elipando, que citaré luego, infiérese que Migecio juntaba a sus demás yerros el concerniente a la celebración de la Pascua. En algunos códices del *Chronicon* de Isidoro de Beja, especialmente en el Complutense y en el de la Biblioteca Mazarina,[12] se lee que el chantre toledano Pedro compuso contra ese error un libro, tejido de sentencias de los Padres.[13]

IV. El adopcionismo en España. Impugnaciones de Beato y Heterio

Grande es la flaqueza del entendimiento humano, y muy expuesto está a caídas el que más seguro y encumbrado se juzgaba. Tal aconteció a nuestro Elipando, que, con haberse mostrado adversario valiente de la impiedad de Migecio, cayó en el error adopcionista, defendido por Félix, obispo de Urgel, y de su nombre llamado herejía feliciana.

---

11 Increíble parecería, si no supiéramos cuánto ciega el espíritu de secta a los hombres más eminentes, que el protestante Walchio, autor de la mejor y más docta monografía que tenemos sobre el adopcionismo, se empeñe, apoyado en estas frases de sabor y doctrina tan católicos, en tener a Elipando por precursor de la Reforma, faltándole poco para incluir al metropolitano de Toledo en el *Catalogus testium veritatis*.

12 «In Hispalim, propter Paschas erroneas quae ab eis sunt celebratae, libellum Patrum atque a diversis auctoribus pulchre• compositum conscripsi.»

• Entendiendo mal el pulchre, han creído algunos que el chantre se llamaba Pedro Pulchro.

13 Véase la epístola de Elipando con Migecio en el tomo 5 de la *España sagrada*, páginas 543-554. Allí se publicó por primera vez, tomada de un códice de la Biblioteca Toledana, descubierto por los benedictinos fray Martín Sarmiento y fray Diego de Mecolaeta, autor este último del célebre folleto Ferreras contra Ferreras y cuña del mismo palo.

Por testimonio de Eginhardo consta que Félix era español, aunque algunos modernos (como el falsario Tamayo de Salazar) le supusieron francés. No son conocidos ni el año de su nacimiento ni el de su ascensión a la prelacía. Convienen sus propios adversarios en que era hombre docto y de vida religiosa e irreprensible, muy celoso de la pureza de la fe, y que se afanaba por convertir a los sarracenos, con uno de los cuales tuvo por escrito controversia, mencionada por Alcuino en su carta 15, como existente en poder de Leidrado, obispo de Lyón.[14] San Agobardo llama a Félix: Vir alioquin circumspectus et hispanicae subtilitatis non indigus.[15] Sobre el origen de la herejía adopcionista discuerdan los autores.[16] Lo general es suponer que Félix fue el corifeo de la secta y maestro de Elipando. El poeta sajón del siglo IX autor de los anales *De gestis Caroli Magni*, lo expone así:

---

14   Villanueva, *Viaje literario a las iglesias de España* (Valencia 1821), tomo 10, *Viaje a Urgel*, páginas 20-31.

15   *Agobardi adversus dogma Felicis* (página 238, col. 1 del tomo 14 de la *Maxima Bibliotheca Veterum Patrum*, Lyon, apud *Anissonios*, 1677).

16   Antecedentes del adopcionismo (Alzog, II 53).
     «Algunas expresiones oscuras ocasionaron que fuese acusado de sabelianismo, y aun depuesto, Marcelo, obispo de Ancira, uno de los más firmes defensores del símbolo de Nicea. Uno de sus discípulos, Fotino, diácono en Ancira y más adelante obispo de Sirmio, enseñó un error manifiesto (341), pretendiendo que el Logos no era una persona, sino una virtud divina que se manifestó en Jesús. Según él, no era Jesús más que hombre; Dios lo adoptó por hijo a causa de sus virtudes; desde el momento en que haya entregado su poder al Padre, el Logos se separará de él.
     Apoyábase Fotino para sostener su error en los textos de 1 Tim 2, 5; 1 Cor 15, 47; Io 1, 1; Gen 1, 26; 8, 1; 19, 4; 30, 26; y Dan 7 13. Los semiarrianos le condenaron en Antioquia (345), y los ortodoxos, en Milán (347 o 49). Por último, los eusebianos le desposeyeron en el primer sínodo de Sirmio (351), por haber condenado de nuevo las opiniones sabelianas sobre la extensión y la concentración de la sustancia divina. Esta condenación fue renovada por otros varios concilios y por el de Constantinopla (381) de la manera más terminante, lo cual no fue parte a impedir que esta herejía amenazase reaparecer en Bonosio, obispo de Sárdica.» Athanas. (De Syn., n.º 27) expone una fórmula de fe acompañada de veintisiete anatemas lanzados contra Fotino (op., tomo 1, página 593). Klose, Historia et Doctrina de Marcello et Photino (Hamb. 1837).

Celsa Pyrenaei supra iuga condita montis
urbs est Orgellis Praesul cui nomine Felix
praefuit. Hic hacresim molitus condere pravam,
dogmata tradebat Fidei contraria sanctae,
 affirmans, Christus Dominus quia corpore sumpto
est homo dignatus fieri, non proprius ex hoc,
sed quod adoptivus sit Filius Oninipotentis.
Responsumque Toletano dedit hoc Helipando
Pontifici, de re tanta consultus ab ipso.[17]

Según esta narración, Félix, consultado por Elipando acerca de la humanidad de Cristo, respondió que el Salvador, en cuanto hombre, era hijo adoptivo y nominal de Dios.[18] Jonás Aurelianense solo escribe que esparció tal error un cierto Félix de nombre, de hecho infeliz, unido con Elipando, metropolitano de Toledo, inficionando uno y otro gran parte de España.[19] Quizá Elipando rechazó al principio la herejía y acabó por rendirse a ella, como el obispo Higino a la de Prisciano. Otros, entre ellos Alcuino, supusieron nacido en Córdoba el adopcionismo: Maxime origo huius perfidiae de Corduba civi-

---

17 Véase en Flórez, *España sagrada*, tomo 5, página 582.
18 Adopcionismo.
 Textos citados por Elipando en pro de su opinión. San Isidoro, Etym. VII 2: «(Christus) Unigenitus autem vocatur secundum divinitatis excellentiam, quia sine fratribus; Primogenitus secundum susceptionem hominis, in qua per adoptionem gratiae fratres habere dignatus est, de quibus esset primogenitus».
 Liturg. Mozar.: «Qui per adoptivi hominis passionem dum suo non indulsit corpori, nostro demum pepercerit».
 Missa de Ascens. Domini: «Hodie Salvator noster per adoptionem carnis sedem repetit Deitatis».
 In missa defunctorum: «Quos fecisti adoptionis participes, iubeas haereditatis tuae esse consortes».
 Véase *Liturgia Mozárabe*, edición Alex. Lesle (Roma 1755) 4.º Alzog, II 249.
19 *Epístola ad Elipandum* (página 994 de sus Obras, edición de París 1617).

tate processit, [20] pero quizá se equivocaron, porque Álvaro Cordobés habla de la herejía de Elipando como importada de fuera.[21]

Hemos visto en capítulos precedentes que hacia el año 439 había asomado en España el nestorianismo, de que trata la epístola de san Capreolo a Vital y Constancio.[22] Quizá de aquel rescoldo encendieron su llama Elipando y Félix, aunque la doctrina de éstos no debe confundirse con la nestoriana pura, como ya advirtió el gran teólogo jesuita Gabriel Vázquez.[23] El patriarca de Constantinopla establecía distinción real de personas en Cristo, correspondiente a la distinción de naturalezas, al paso que los dos obispos españoles, confesando la unidad de personas, llamaban a Cristo hijo natural de Dios según la divinidad, adoptivo según la humanidad.[24]

Parece lo más creíble, en vista de todo lo expuesto y del testimonio de Eginhardo, fuente en que el poeta sajón bebió sus noticias, que Félix, con-

---

20 Ionas Aurelianensis, *De cultu imaginum*, libri III (página 166 del tomo citado de la *Bibliotheca Veterum Patrum*).

21 «Eo tempore quo Elipandi lues vesano furore nostram vastabat provinciam» (Alvari Cordubensis, epístola 4, tomo 11 de la *España sagrada*).

22 Adopcionismo. Sus relaciones con el nestorianismo.
   Alcuino, *Contra Felicem*, lib. 1, cap. 11: «Sicut nestoriana impietas in duas Christum divisit personas propter duas naturas, ita et vestra indocta temeritas in duos etiam divisit filios, unum proprium, alterum adoptivum. Si vero Christus est proprius Filius Dei Patris et adoptivus, ergo est alter et alter».
   Alzog (II 249) dice: «Así terminó una controversia que, aunque causa de graves errores, no dejó de ser importante, porque obligó a los obispos francos a ocuparse de una manera especulativa en una cuestión dogmática y a estudiar la literatura sagrada en todo lo que tenía relación con ella».
   Id., II 420: «En medio de las arduas controversias del adopcionismo, la predestinación y la Eucaristía, se va desarrollando la inteligencia de un modo maravilloso».

23 *In tertiam partem S. Thomae*, tomo 1 disp. 89, cap. 8.

24 «Disputant theologi an Elipandus fuerit vere Nestorianus, duas personas in Christo cum Nestorio statuens, an vero tantum docuerit Christum in una persona esse filium Dei naturalem et adoptivum, naturalem secundum divinitatem, adoptivum secundum humanitatem. Et quidem Nestorianum non fuisse nec propter nestorianismum, sed propter adoptionem Christi in una persona damnatum esse... probare conatur Gabriel Vázquez» (prefacio de Pedro Stevart al libro de san Beato y Heterio contra Elipando).

sultado por Elipando quizá sobre el nestorianismo, resolvió la duda con el sistema de la adopción, y le defendió tenazmente en libros hoy perdidos y que en manera alguna pueden confundirse con las epístolas que iremos citando.[25]

Tan grave novedad, admitida ya por Elipando, que puso empeño grande en propagarla, valido de su prestigio como metropolitano, turbó no poco la Iglesia española, contagiando a algunos obispos y siendo por otros censurada ásperamente. De los primeros fue Ascario o Ascárico, a quien Pagi y algunos más suponen metropolitano de Braga Ascario expuso sus dudas a Elipando y redújose, finalmente, a su parecer, conforme se deduce de la carta del toledano al abad Fidel y de la del papa Adriano I a los obispos españoles.

Entre los impugnadores se distinguió Theudula, metropolitano de Sevilla, de quien hay memoria en una carta de Álvaro Cordobés a Juan Hispalense: «En el tiempo en que la peste de Elipando asolaba nuestra provincia, matando las almas más cruelmente que el hierro de los bárbaros, vuestro metropolitano Theudula escribió un *Epítome*, en que, después de muchos y gravísimos razonamientos, acaba por decir: "Si alguno afirmare que Cristo, en cuanto a la carne, es hijo adoptivo del Padre, sea anatema"».[26]

Quiso Elipando dilatar su herejía hasta los montes de Asturias y Cantabria, y aquí se estrellaron sus esfuerzos ante la formidable oposición de dos preclarísimos varones, Heterio, obispo de Osma, que andaba refugiado en estas montañas huyendo de los sarracenos, y el presbítero Beato o Vieco, de Liébana, a quien dicen abad de Valcavado.[27] Era Beato, según afirma el

---

25 «Episcopus nomine Felix, natione Hispanus, ab Elipando Toleti Episcopo per litteras consultus... doctrinam adoptivam, non solum pronuntiavit, sed etiam scriptis ad memoratum Episcopum libris pertinacissime pravitatem opinionis suae defendere curavit.»

26 «Eo tempore quo Elipandi lues nostram vastabat provinciam, et crudeliter barbarisco gladio letali pectora dissipabat, vester nune requisitus Episcopus Theudula, post multa et varia de proprietate Christi veneranda eloquia, tali fine totius suae dispositionis conclusit Epitoma, ut diceret: "Si quis carnem Christi adoptivam dixerit Patri, anathema sit". Amen» (epístola 4).

27 De las cosas de san Beato (que aquí trato solo de pasada) hablaré muy por extenso en la monografía* a él dedicada en mis Estudios críticos sobre escritores montañeses.

grande Alcuino, varón docto y tan santo de nombre como de vida (*doctus vir, tam vita quam nomine sanctus*). Heterio, más joven que él, le seguía y veneraba en todo, como escribió Elipando, el cual reconoce siempre a Beato por el más duro y terrible de sus contradictores, y le apellida maestro de Alcuino y de todos los restantes. Había hecho la herejía algunos prosélitos asturianos, que Jonás Aurellanense dice haber conocido.[28] Resistían Beato y Heterio a la mala doctrina, y sabedor de ello el obcecado arzobispo, dirigió en octubre de la era 823, año 785,[29] una carta a cierto abad de las Asturias llamado Fidel. Dice así la parte de este documento conservada por Beato en su *Apologético*: «Quien no confesare que Jesucristo es Hijo adoptivo en cuanto a la humanidad, es hereje, y debe ser exterminado. Arrancad el mal de vuestra tierra. No me consultan (Beato y Heterio), sino que quieren enseñar, porque son siervos del Anticristo. Envíote, carísimo Fidel, esta carta del obispo Ascárico para que conozcas cuán grande es en los siervos de Cristo la humildad, cuán grande es la soberbia de los discípulos del Anticristo. Mira cómo Ascárico, aconsejado por verdadera modestia, no quiso enseñarme, sino preguntarme. Pero ésos, llevándome la contraria, como si yo fuese un ignorante, no han querido preguntarme, sino instruirme. Y sabe Dios que, aunque hubiesen escrito con insolencia, rendiríame yo a su parecer si dijesen la verdad, recordando que está escrito: *Si iuniori revelatum fuerit, senior taceat...* ¿Cuándo se ha oído que los de Liébana vinieran a enseñar a los toledanos? Bien sabe todo el pueblo que esta sede ha florecido en santidad de doctrina desde la predicación de la fe y que nunca ha emanado de aquí cisma alguno. ¿Y ahora tú solo, oveja roñosa (esto lo decía por san Beato),

---

* Esta monografía no llegó a publicarse.

28 «Cuius discipulos apud Astures me aliquando vidisse memini, quos et catholicorum virorum regiones illius, qui eorum vesanae doctrinae secundum sanam doctrinam rationabiliter retinebantur...»

29 Esta es la fecha del códice toledano y la admitida por Flórez; en las ediciones de la *Bibliotheca Veterum Patrum* no hay era ninguna, Morales y Baronio ponen la 821 a año 783. Esta carta fue incorporada por Beato y Heterio en el libro *De adoptione*. Puede verse además (aunque con graves erratas) en el tomo 6 de la *España sagrada*. Póngola asimismo en el apéndice.*

---

* No consta en él.

pretendes sernos maestro? No he querido que este mal llegue a oídos de nuestros hermanos hasta que sea arrancado de raíz en la tierra donde brotó. Ignominia sería para mi que se supiese esta afrenta en la diócesis de Toledo, y que, después de haber juzgado nosotros y corregido, con el favor de Dios, la herejía de Migecio en cuanto a la celebración de la Pascua y otros errores, haya quien nos tache y arguya de herejes. Pero si obras con tibieza y no enmiendas presto este daño, harélo saber a los demás obispos, y su represión será para ti ignominiosa. Endereza tú la juventud de nuestro hermano Heterio, que está con la leche en los labios y no se deja guiar por buenos maestros, sino por impíos y cismáticos, como Félix y Beato, llamado así por antífrasis. Bonoso y Beato están condenados por el mismo yerro. Aquél creyó a Jesús hijo adoptivo de la Madre, no engendrado del Padre antes de todos los siglos y encamado. Este le cree engendrado del Padre y no temporalmente adoptivo. ¿Con quién le compararé sino con Fausto el Maniqueo? Fausto condenaba a los patriarcas y profetas; éste condena a todos los doctores antiguos y modernos. Ruégote que, encendido en el celo de fe, arranques de en medio de vosotros tal error para que desaparezca de los fines de Asturias la herejía beatiana, de igual suerte que la herejía migeciana fue erradicada de la tierra bética. Pero como he oído que apareció entre vosotros un precursor del Anticristo anunciando su venida, ruégote que le preguntes dónde, cuándo o de qué manera ha nacido el mentiroso espíritu de profecía que le hace hablar y nos trae solícitos y desasosegados».

Bien se mostraban en esta carta el desvanecimiento y soberbia de quien la escribía, su desmedida confianza en el propio saber y en el prestigio de su dignidad y nombre, y a la par el recelo que Beato le infundía y el odio y mala voluntad que ya profesaba al santo presbítero de Liébana. Esparcióse muy pronto en Asturias la noticia del escrito de Elipando, pero Beato y Heterio no lo leyeron hasta el 26 de noviembre, en que la reina viuda Adosinda, mujer varonil y de gran consejo, como que casi había gobernado el reino en los días de Silo, entró en un monasterio, que, según quiere Ambrosio de Morales, fue el de san Juan de Pravia.[30]

Concurrieron a la profesión o devoción (*Deo vota*) de Adosinda Heterio y Beato, que allí recibieron de manos de Fidel las letras de Elipando. Ocasión

---

30 L. 13, cap. 26 de su *Crónica*.

era de responder a tan agrias y punzantes recriminaciones, y Beato, que, aunque tartamudo o trabado de lengua,[31] para escribir no tenía dificultades, redactó en breve plazo, ayudado por Heterio, la célebre apología que hoy tenemos, y que se ha convenido en apellidar *Liber Etherii adversus Elipandum, sive De adoptione Christi filii Dei*. Pero su encabezamiento en el original es como sigue:

Al eminentísimo para nosotros y amable para Dios Elipando, arzobispo (sic) de Toledo, Heterio y Beato, salud en el Señor. Leímos la carta de tu prudencia, enderezada ocultamente (clam) y bajo sello, no a nosotros, sino al abad Fidel, de cuya carta tuvimos noticia por pública voz, aunque no llegamos a verla hasta el día 6 antes de las calendas de diciembre, cuando nos trajo a la presencia del abad Fidel no la curiosidad de tu carta, sino la devoción de la religiosa señora Adosinda. Entonces vimos el impío libelo divulgado contra nosotros y nuestra fe por toda Asturias. Comenzó a fluctuar entre escollos nuestra barquilla y mutuamente nos dijimos: Duerme Jesús en la nave; por una y otra parte nos sacuden las olas; la tempestad nos amenaza, porque se ha levantado un importuno viento. Ninguna esperanza de salvación tenemos si Jesús no despierta. Con el corazón y con la voz hemos de clamar: Señor, sálvanos, que perecemos. Entonces se levantó Jesús, que dormía en la nave de los que estaban con Pedro, y calmó el viento y la mar, trocándose la tempestad en reposo. No zozobrará nuestra barquilla, la de Pedro, sino la vuestra, la de Judas.[32]

---

31 Dícelo Ambrosio de Morales con la referencia a Álvaro Cordobés; pero yo no he encontrado en sus *Cartas* este pasaje.

32 «Eminentissimo nobis, et Deo amabili Elipando, Toletanae Sedis Archiepiscopo, Eterius et Beatus in Domino salutem. Legimus litteras prudentiae tuae anno praesenti, et non nobis, sed Fideli Abbati mense Octobris, in Era DCCCXXIII clam sub sigillo directas: quas ex relatu advenisse audivimus, sed eas usque sexto Kalendas Decembris minime vidimus. Cumque nos ad fratrem Fidelem, non litterarum illarum compulsio, sed recens religiosae Dominae Adosindae perduceret devotio: audivimus impium libellum adversum nos et fidem nostram per Cuncta Asturia publice devulgatum. Et cum fides nostra una sit et indissoluta, coepit inter scopulos nimis fluctuare navicula... Tunc colloquentes ad invicem diximus:

En este tono de respetuosa serenidad y santa confianza dan comienzo el presbítero montañés y su amigo a lo que ellos llaman apologético, no oscurecido con el humo vano de la elocuencia ni de la lisonja, sino expresión fiel de la verdad, aprendida de los discípulos de la Verdad misma. (*Scripsimus hunc apologeticum non, panegyrico more, nullis mendaciis, nec obscurantibus fumosorum eloquentiae sermonum, sed fidem veram quam ab ipsis Veritatis discipulis hausimus.*)[33]

¿Acaso no son lobos los que os dicen: Creed en Jesucristo adoptivo; el que no crea sea exterminado? ¡Ojalá que el obispo metropolitano y el príncipe de la tierra, uno con el hierro de la palabra otro con la vara de la ley, arranquen de raíz la herejía y el cisma. Ya corre el rumor y la fama no solo en Asturias, sino en toda España, y hasta Francia se ha divulgado, que en la Iglesia asturiana han surgido dos bandos, y con ellos, dos pueblos y dos iglesias. Una parte lidia con la otra en defensa de la unidad de Cristo. Grande es la discordia no solo en la plebe, sino entre los obispos. Dicen unos que Jesucristo es adoptivo según la humanidad y no según la divinidad. Contestan otros que Jesucristo en ambas naturalezas es Hijo propio, no adoptivo, que el Hijo verdadero de Dios, el que debe ser adorado, es el mismo que fue crucificado bajo el poder de Poncio Pilato. Este partido somos nosotros. Es decir, Heterio y Beato, con todos los demás que creen esto.[34]

Dormit Iesus in navl, et hinc inde fluctibus quatimur, et tempestate tum molestias sustinemus, quia importabilis excitatus est ventus. Nulla salus nobis esse videtur nisi Iesus excitetur et corde et voce clamandum est ut sic dicamus: Domine, salva nos, perimus», etc.

33   L. 2 al principio.

34   «Nonne lupi sunt qui vobis dicunt; adoptivum credite Iesum Christum, et qui ita non crediderit exterminetur? Et Episcopus metropolitanus, et princeps terrae pari certamine haereseorum schismata, unus verbi gladio, alter virga regiminis ulciscens, haereticorum schismata de terra vestra funditus auferat. Certe iam rumor est, iam fama est, et non solum per Asturiam, sed per totam Hispaniam et usque ad Franciam divulgatum est, quod duae quaestiones in Asturicensi Ecclesia ortae sunt. Et sicut duae quaestiones, ita duo populi et duae Ecclesiae. Una pars cum altera pro uno Christo contendunt. Cuius fides vera an falsa sit, grandis intentio est. Et hoc non in minuta plebe, sed inter Episcopos est. Una pars Episcoporum dicit quod Iesus Christus adoptivus est humanitate et nequaquam adoptivus divi-

A continuación pone el símbolo de su fe, el de la fe ortodoxa, en cotejo con la doctrina de Elipando, tal como de su epístola a Fidel se deducía: «Esta es tu carta, éstas tus palabras, ésta tu fe, ésta tu doctrina», y proceden a impugnarla. Sería locura pretender que hicieran grande uso de argumentos de razón. Tampoco los empleaba Elipando. La cuestión adopcionista, como toda cuestión cristológica, cae fuera de los lindes de la teología racional, se discute entre cristianos, que admiten el criterio de la fe y la infalible verdad de las Escrituras. Por eso dice Beato: La plenitud de la fe comprende lo que la razón humana en sus especulaciones no puede alcanzar.[35] Puesta la cuestión en esta esfera, que Elipando no podía menos de aceptar, ¿cabía torcer en ningún sentido textos tan claros y precisos como éstos:

Tu es Christus Filius Dei vivi;
—Non revelavit tibi istud caro et sanguis, sed Pater meus qui in caelis est:
—Hic est Filius meus dilectus in quo mihi bene complacui?

¿Dónde introducir esa fantástica adopción? Y añaden con elocuencia los apologistas lebaniegos: Dios lo afirma, lo comprueba su Hijo, la tierra temblando lo manifiesta, el infierno suelta su presa, los mares le obedecen, los elementos le sirven, las piedras se quebrantan, el Sol oscurece su lumbre; solo el hereje, con ser racional, niega que el Hijo de la Virgen sea el Hijo de Dios.[36]

Muéstrase Beato hábil y profundo escriturario (principal estudio suyo, como de quien no mucho antes había penetrado en los misterios y tinieblas del *Apocalipsis*); reúne y concuerda los sagrados textos contrarios al error

---

nitate. Altera pars dicit: nisi ex utraque natura umus est Dei Patris filius proprius, ut ipse sit Dei filius, Deus verus, et ipse adoretur et colatur, qui sub Pontio Pilato est crucifixus. Haec pars nos sumus, id est, Etherius et Beatus cum caeteris ita credentibus» (lib. 1).

35 «Quia licet humana mens non possit plene rationis investigatione comprehendere, fidei tamen plenitudo complectitur» (lib. 1).

36 «Deus asserit, probat Filius, tremens terra testatur, inferna captivos absolvunt, maria obediunt, elementa serviunt, petrae scinduntur, Sol obscuratur, et haereticus, cum esset rationalis, filiunt Virginis non esse Dei filium causatur» (lib. 1).

de Elipando, y sobre ellos discurre con la claridad y fuerza polémica que mostrará este pasaje:

Cuando el Señor dice: *Qui me misit, mecum est nec me dereliquit*; y en otra parte: *Deus, Deus meus, quare me dereliquisti*, es uno mismo el que habla; en ambas naturalezas dice yo (*me et me*). Cuando dice: *Nec me dereliquit*, se refiere a la naturaleza divina. Cuando exclama: Me dereliquisti, a la humana. Porque Dios se había hecho hombre, y el hombre debía morir, y la divinidad, que es la Vida, estaba exenta de muerte, y en cierto sentido debía dejar el cuerpo hasta su resurrección. No porque la divinidad abandonase la carne, sino porque no podía morir con la carne. Unida permaneció a ella en el sepulcro, como en las entrañas de la Virgen. Y por eso, dentro de nuestra fe, dice el Hijo del hombre: ¿Por qué me has abandonado? Y el Hijo de Dios, que es igual al Padre, dice: El que me envió está conmigo y no me dejará. Y, siendo uno el Hijo, hemos de guardarnos de que alguno afirme: El Hombre murió, y Dios le resucitó. Dicen esto los que llaman a Cristo adoptivo, según la carne; pero el mismo Jesús los convence de mentira cuando dijo a los judíos: Derribad el templo, y yo le levantaré en tres días. No dice: Derribad el templo, que el Padre le levantará, sino: Yo le levantaré (*ego suscitabo illud*).[37]

El poder dialéctico y la convicción ardiente de Beato y Heterio resplandecen en este trozo y en muchos más que pudiéramos citar. Profundidad teológica no falta; los dos adversarios de Elipando vieron claras las consecuencias nestorianas de su doctrina y hasta la negación de la divinidad

---

37 «Cum dicit: Qui me misit, mecum est nec me dereliquit. Et alio loco: Deus, Deus meus, quare me dereliquisti, ipse unus est: in ambas naturas me et me dicit. Nam cum dicit: Nec me dereliquit, divina est. Cum autem dicit: Me dereliquisti, humana est. Quia Deus, hominem susceperat, et ipse homo mori habebat, et divinitas, quae vita erat, exul erat a morte, ideo per mortem crucis relinquendus erat usque ad resurrectionem ipsius. Non quod divinitas reliquerit carnem suam, sed quod non moritura erat cum carne sua. Quia sic in sepulchro carnem suam commanendo non deseruit sicut in utero Virginis connascendo formavit. Fidei ergo nostrae convenit, ut Homo Filius dicat: Qui me misit, mecum est, nec me dereliquit. Et cum ex utroque unus sit Filius, cavendum est ne aliquis dicat: Homo est mortuus et Deus eum excitavit», etc.

de Cristo, oculta en el sistema adopcionista.[38] «Si disputar quieres (dicen a Elipando) y distinguir la persona de Cristo, caes pronto en lazos de perdición. No debemos llamar a aquél Dios y a éste Hombre, sino que tenemos y adoramos un solo Dios con el Padre y el Espíritu santo. No adoramos al Hombre, introduciendo una cuarta persona, sino a Cristo, Hijo de Dios y Dios verdadero, según la sentencia del concilio Efesino: Guardémonos de decir: Por Dios, que tomó carne mortal (*adsumentem*), adoro la carne, y por causa de lo invisible, lo visible. Horrible cosa es no llamar Dios al Verbo encarnado. Quien esto dice, torna a dividir el Cristo que es uno, poniendo de una parte a Dios, y de otra, al hombre. Evidentemente niega su unicidad, por la cual no se entiende un ser adorado juntamente con otro, sino el mismo Jesucristo, Hijo unigénito de Dios, venerando con su propia carne, en un solo acto de "adoración".»

Este era el punto cardinal de la disputa, y aquí debían haber concentrado sus fuerzas Beato y Heterio; pero no sin alguna razón se les puede acusar de falta de método y de haberse entretenido en cuestiones incidentales y ajenas al asunto. Dos libros abarca su refutación y aún no está completa; pero solo una tercera parte de ella se refiere al adopcionismo. En el libro primero, tras de los indicados preliminares y mezcladas con el principal sujeto, que es la comparación entre el símbolo ortodoxo y el de Elipando, vienen largas explicaciones sobre la causa, naturaleza y caracteres de la herejía, sobre la unidad de la Iglesia y el nombre de cristianos, acerca del sacrificio de la misa y el símbolo Niceno, etc. No olvida Beato sus especulaciones bíblicas cuando distingue los tres sentidos, literal, trópico y anagógico, que, según él,

---

38 «Quod si discutere volueris, et rationem de Deo et homine facere praesumpseris, continuo in laqueum perditionis inmergeris. Non ergo debemus dicere illum Deum et istum hominem: unum habemus et adoramus cum Patre et Spiritu Sancto Deum: non hominem, quartam introducentes personam, sed cum ipsa carne propria unum adoremus Christum filium Dei, Deum, iuxta Ephesini Concilii verae Fidei documentum, quod ait: Cavemus autem de Christo dicere: Propter adsumentent adoro adsumptum, et propter invisibilem, visibilem. Horrendum vero super hoc etiam illud dicere: Is qui susceptus est cum eo qui suscepit non nuncupatur Deus. Qui enim haec dicit, dividit iterum in duos *Christos* eum qui unus est, hominem seorsum in partem et Deum similiter in partem constituens», etc.

corresponden al cuerpo, al alma y al espíritu del hombre. En estos términos compendia su doctrina psicológica: «El hombre consta de dos sustancias: cuerpo y alma. El cuerpo pertenece a la tierra, de donde trae su origen. *El alma* no tiene origen, porque es espíritu hecho a imagen de Dios... Cuando contempla a Dios y le conoce, se llama propiamente espíritu... El espíritu es el entendimiento superior angélico del alma... Cuando tiende a las cosas celestiales, se lace con Dios y con los ángeles un solo espíritu... El espíritu, que es luz, tiene participación con Cristo, que es el Sol, y de entrambos resulta una sola luz, es decir, un mismo espíritu, pero no una misma naturaleza... El uno es luz que ilumina; el otro, luz iluminada».[39]

Los que suponen que nuestra mística nació en siglo XVI, ¿conocen éste y otros libros? ¿Han parado mientes en éste y en otros pasajes?

Prosigue el Psicólogo montañés del siglo VIII negando la distinción entre el alma y sus potencias: «Tiene el alma muchos nombres, según sus operaciones, pero en sustancia es una. Cuando contempla a Dios, es espíritu. Cuando siente, es sentido. Cuando sabe, es ánimo. Cuando conoce, es entendimiento. Cuando discierne, es razón. Cuando consiente, es voluntad. Cuando recuerda, es memoria. Cuando preside a la parte vegetativa, se llama propiamente alma... Pero el alma es siempre una».[40] No siempre se expresaron con tanta claridad escolásticos que vinieron después.

El libro segundo anuncia desde su título que va a tratar de Cristo y su cuerpo, que es la Iglesia, y del diablo y su cuerpo, que es el Anticristo, para mostrar a Elipando que Beato y Heterio, indoctos lebaniegos (*indocti libanenses*), estaban dentro de la católica enseñanza, de la cual aberraba el

---

39 «Tantum ex duabus substantiis constat, id est, corpore et anima. Corpus habet partem mundi unde ducit originem. Anima vero non habet originem, quia spiritus est, et ad imaginem Dei factus...» «Spiritus... superior intellectus... intellectus angelicus... cum supra tendit, fit cum Deo et angelis unus spiritus... sed non una natura... Aliud lumen illuminans, aliud lumen illuminatum» (§ 100 y 101 del tomo 1, edición de Migne, páginas 956 y 957).

40 «Et habet ipsa anima multa nomina per actiones... cum sit substantia una, quae dum contemplatur Deum, spiritus est; dum sensit, sensus est; dum sapit, animus est», etc.

orgulloso prelado toledano. Pero aunque los signos del Anticristo[41] ocupen buena parte del tratado, no dejan de tocarse en él otros puntos, entre ellos el de la naturaleza y origen del mal, siempre con sana y copiosa doctrina y modo de decir bastante preciso. Hacia la mitad del libro reaparece la cuestión adopcionista.

Los textos alegados bastan para dar idea de la polémica de Beato. Erudición bíblica bien sazonada, algunos rasgos de ciencia profana, tal como los tiempos la consentían y la había enseñado el grande Isidoro; argumentación fácil y vigorosa esmalta este peregrino documento. *Non confingamus de nostro, sed illa ex planemus quae in Lege et Evangelio scripta sunt:* tal es la regla que se proponen y fielmente cumplen sus autores.

Si bajo el aspecto científico, y para la historia de la teología española, el libro es importante, ¡cuánto valor adquiere en la relación literaria, cotejado con los demás que en España y fuera de ella produjo el siglo VIII! En vez de compilaciones secas y faltas de vida tenemos una obra en que circula el calor, en que la fuerte impresión del momento ha animado páginas destinadas no a solitaria lectura, sino a agitar o calmar muchedumbres seducidas por el error. Libro bárbaro, singular y atractivo, donde las frases son de hierro, como forjadas en los montes que dieron asilo y trono a Pelayo. Libro que es una verdadera algarada teológica, propia de un cántabro del siglo VIII. Construcciones plúmbeas, embarazosas y oscuras se mezclan con antítesis, palabras rimadas y copia de sinónimos, en medio de cuyo fárrago, signo aquí de las candideces de la infancia y no de la debilidad senil, asoman rasgos de elocuencia nervuda, varonil y no afectada, que si en ocasiones estuviera templada por un poco de dulzura, retraería a la memoria el libro *De virginitate*, de san Ildefonso. En el fondo, Beato y Heterio son muy fieles a la tradición isidoriana; pero conócese luego que su *Apologético* no ha nacido entre las pompas de Sevilla o de Toledo, sino en tierra áspera, agreste y bravía, entre erizados riscos y mares tempestuosos, para ser escuchada por hombres no tranquilos ni dados a las letras, sino avezados a continua devastación y pelea. Pasma el que se supiese tanto y se pudiese escribir de aquella manera ruda, pero valiente y levantada, en el pobre reino asturiano de Mauregato y de

---

41 Con frase enérgica, aunque disonante a oídos melindrosos, llama a los herejes *testiculi Antichristi.*

Bermudo el Diácono. Por eso, el libro de Beato es una reliquia preciosa no solo para los montañeses, que vemos en él la más antigua de nuestras preseas literarias, sino para la Península toda, que puede admirar conservadas allí sus tradiciones de ciencia durante el período más oscuro y proceloso de los siglos medios.[42]

¡Con cuánta valentía habían expresado Beato y Heterio su confianza en el poder de la fe! «Con nosotros está David, el de la mano fuerte, que con una piedra hirió y postró al blasfemo Goliat. Con nosotros Moisés, el que sumergió las cuadrigas de Faraón en el mar Rojo e hizo pasar el pueblo a pie enjuto. Con nosotros Josué, el que venció a los amalecitas y encerró a los cinco reyes en una cueva. Con nosotros el padre Abraham, que con trescientos criados venció y arrancó los despojos a los cuatro reyes.[43] Con nosotros el fortísimo Gedeón y sus trescientos armados, que hirieron a Madiam como a un solo hombre. Con nosotros Sansón, más fuerte que los leones, más duro que las piedras; el que, solo y sin armas, postró a mil armados. Con nosotros los doce patriarcas, los dieciséis profetas, los apóstoles y evangelistas, todos los mártires; y doctores. Con nosotros Jesús, hijo de la Virgen, con toda su Iglesia, redimida a precio de su sangre y dilatada por todo el orbe.»[44] Y esta confianza no se vio fallida, porque Dios lidiaba con ellos. La obra de los contradictores de Elipando, difundida de un extremo a otro de España, hizo menguar rápidamente las fuerzas del adopcionismo. En Córdoba fue enseñanza y delicia de los muzárabes; los adoctrinó en la paz y los alentó

---

42   Del tratado de san Beato hay dos códices en la Biblioteca Toledana; el más antiguo parece de fines del siglo X o principios del XI. El célebre jesuita Andrés Scotto, a quien Mariana dio a conocer el manuscrito, envió copia a Gretser. De esta copia se valió Pedro Stevart para la primera edición, que es de Ingolstad, 1596, en la Collectio insignium auctorum tam graecorum quam latinorum de rebus ecclesiasticis. Después se insertó en las colecciones patrísticas. La que uso es la de Migne (tomo 96 [París 1862], col. 894-1030), cotejándola a veces con la incluida en el tomo 13 de la *Maxima Bibliotheca Veterum Patrum* (Lugduni, apud *Anissonios*, 1677, fol. 353 y siguientes). Preparo una nueva edición, acompañada de versión castellana, para la Sociedad de Bibliófilos Cántabros.

43   Cinco dice el texto impreso, pero evidentemente es yerro. Fueron cuatro, según la Escritura (Véase Gen, cap. 14).

44   «Nobiscum est David, ille manu fortis, qui parvo lapide Goliat blasphemum... in fronte percussit», etc. (tomo 1, página 50).

en el peligro. Álvaro Cordobés la cita tres veces, siempre con nuevo respeto y en autoridad de cosa juzgada.

A los generosos esfuerzos de Beato y Heterio unió los suyos un cierto Basilisco, mencionado por Álvaro Cordobés, que de su impugnación transcribe este lugar:

Dice Elipando: Dios Padre no engendró la carne. Confieso que no la engendró, pero sí al Hijo, de quien es la carne; a la manera que ningún hombre engendra el alma de su hijo, sino la carne, a la que se une el alma. Dios Padre, que es espíritu, engendra el espíritu, no la carne. El Padre divino engendra la naturaleza y la persona; el padre humano, la naturaleza, no la persona. En el Hijo de Dios subsistía la naturaleza divina antes que tomara la naturaleza humana. El hijo de cualquier hombre recibe de su padre la naturaleza carnal, no la persona. O hay que dividir al hijo del hombre o confesar la unidad de persona en Cristo. Todo hombre creado a imagen de Dios, y a quien la imagen de Dios desciende, ha tenido asimismo dos generaciones. Primero nace del padre y permanece temporalmente oculto; nace luego de la madre y es visible. El padre engendra la naturaleza y no la persona, la madre da a luz, con la persona, la naturaleza. En una sola persona hay dos sustancias: una producida por generación, otra no engendrada. La carne nace de la carne, el alma es propagada por Dios. Si a alguno le place dividir a Cristo en hijo propio y adoptivo, divida de una manera semejante a todo hombre. Pero como repugna a la razón suponer ni en el Hijo de Dios ni en el hijo del hombre dos padres, reconozcamos en uno y otro unidad de personas.[45]

---

45 «Addicit quis: Deus Pater carnem non genuit. Fateor ipse quia carnem non genuit; sed Filium cuius caro est genuit. Nec quis horno in filium animam generat sed carnem cuius est anima generat. Ibi enim Deus Pater, Spiritus, spiritum, non carnem generat... Et ibi Deus Pater et naturam et personam, hic homo pater tantum naturam, non personam. Ibi antequam naturam hominis susciperet, subsistens divina persona amplius augmenti ut Dei filius fateatur divina generatio obtinuit. Hic ut quis filius hominis fateatur, multo minus habuit, qui sine persona tantum a patre naturam carnis suscepit. Unde omnino quis aut dividat omnem hominis filiium aut Christum ex utroque praedicet unum. Omnis enim ad Dei imaginem conditus, per quem imago Dei descendit, non nisi dissimiliter genitus ex utroque parente existit. Primo natus a Patre, incognitus manet pro tempore. Demum nascitur a matre, et videtur in homine. Pater tantum sine persona

A pesar del bárbaro estilo y sobradas repeticiones de este trozo, no dejará de notarse lo bien esforzado que está el argumento a simili. y mostrada la contradicción de Elipando, que solo podía salvarla echándose en brazos del nestorianismo crudo, es decir, cayendo en otro absurdo, porque abyssus abyssum invocat, y del Cristo adoptivo era fácil el paso a la dualidad de Cristo.

El papa Adriano I, en la carta ya citada a los obispos de España, quéjase de Elipando y de Ascario, renovadores del error de Nestorio, y refútalos con los textos de la Escritura, que claramente afirman la filiación divina de Cristo: *Tu es Christus, filius Dei vivi... Proprio Filio suo non pepercit Deus, sed pro nobis omnibus tradidit illum.*

V. El adopcionismo fuera de España. Concilios. Refutaciones de Alcuino, Paulino de Aquileya, Agobardo etc.

Como la diócesis de Félix de Urgel (que hasta ahora ha sonado poco en estos disturbios) caía en los dominios francos, esparcióse rápidamente la doctrina adopcionista del lado allá del Pirineo. Escribe el arzobispo Pedro de Marca que en 788 (otros autores dicen 791) juntáronse en el concilio Narbonense los obispos de Arlés, Aix, Embrum, Viena del Delfinado, Burges, Auch y Burdeos para condenar a Félix, quien abjuró allí. Realmente, Guillermo Catellus[46] publicó por primera vez, y Baluce y Labbé reprodujeron, las actas de cierto concilio celebrado en el año de la Encarnación del Señor 788, indicción XII, año vigésimo tercero del reinado de Carlomagno, en la basílica de los santos Justo y Pastor de Narbona. Entre los motivos de su convocatoria

---

naturam, mater vero ut naturam, generat et personam. Sed in una persona utramque substantiam: unam e visceribus propriis, gignendo in fratrum (sic) transmisit, aliam non e visceribus proditam cum genita parturivit. Une in gignentibus caro tantum de carne nata, anima vero a Deo nascitur propagata. Quapropter si uterque parens proprio in filio animam non genuit: ergo adoptivus illi in anima extitit. Quamobrem si cui placet naturarum distinctionem in proprio et adoptivo filio dividere Christum, dividet hominem, omnino hominis filium. Sed quia ratio veritatis repugnat, ex utroque Deo Patri, ex utroque in utroque parenti proprius Filius agnoscatur, quia in utroque non nisi unus personaliter, aut Dei, aut hominis filium demonstratur» (Alvari Cordubensis epístola 4, Alvari ad Ioannem).

46 *Mémoires de l'histoire de Languedoc.*

figura el pestífero dogma de Félix.[47] Este suscribe en decimotercero lugar: *Felix Urgellitanae sedis episcopus subscripsi*; pero en lo demás no se dice palabra de él ni de su herejía. Muchos dudan (pienso que con razón) de la autenticidad de estas actas, y otras creen que la fecha está errada.

En tanto, la herejía de Félix había penetrado hasta Germania, y para reprimirla fue preciso convocar en el año 792 un concilio en Ragnisburgo o Reganesburgo, hoy Ratisbona, donde se hallaba Carlomagno. No quedan actas de este sínodo, pero dan noticia de él (además de varios cronistas franceses coetáneos o no muy posteriores)[48] Paulino de Aquileya y Alcuino. El primero tomó parte en la controversia de Ratisbona (*gymnasticae disputationis conflictus*) y afirma que Félix, convencido por los argumentos que contra su error se alegaron, abjuró, con la mano puesta sobre los santos *Evangelios*.[49] Alcuino refiere lo mismo, aunque de oídas.[50] Todos convienen en que el mismo año Félix fue conducido a Roma por el abad Angilberto, y allí reiteró su abjuración. Aun tenemos otra autoridad, la del papa León III en el concilio Romano de 794. Según él, Félix escribió en las cárceles un libro ortodoxo en que retractaba sus primeras sentencias e hizo dos veces juramento de no recaer en el adopcionismo: la primera, sobre los *Evangelios*; la segunda, en la Confesión de san Pedro: *in confessione super corpus Beati Petri Apostoli.*

---

47 «Anno incarnationis dominicae DCCLXXXVIII indictione XII, gloriosissimo quoque Karolo regnante anno XXIII, V Kal. Iul. Dum pro multis et variis ecclesiasticis negotiis, praesertim pro Felicis Urgellitanae sedis Episcopi pestifero dogmate, monente per suae auctoritatis litteras domno apostolico Adriano, ac domno imperatore per missum suum, nomine Desiderium, convenissemus, urbem Narbonam, infra Basilicam SS. Iusti et Pastoris.»

48 «Anno 792. Haeresis Feliciana primitus audita, et in Reganesburg primo condemnata est. Quem Angilbertus ad praesentiam Adiriani Apostolici adiduxit, et confessione facta suam haeresim iterum abdicavit» (*Annales rerum Francorum*, desde 741 a 814; Flórez, *España sagrada*, tomo 5). Véanse otros testimonios, en lo esencial conformes, en la monografía de Walchio (*Historia Adoptionorum*), quien los tomó de la colección de Bouquet (*Rerum Gallicarum et Francorum, scriptores*), tomo 5 y 6.

49 L. 1, *Contra Felicem*, cap. 5.

50 *Adversus Elipandum*, lib. 1.

Elipando y los de su sentir llevaron a mal estas condenaciones y abjuraciones y el aprecio que entre los franceses alcanzaba el libro de Beato, y dirigieron sendas cartas a los obispos de Galia, Aquitania y Austria y a Carlomagno. Decían en la primera, que nunca se ha impreso íntegra: «Nosotros, indignos prelados de España, solicitamos de vuestra prudencia que, siguiendo todos la bandera de Cristo, conservemos sin menoscabo la paz que él dejó encomendada a sus discípulos. Si pensáis de otro modo que nosotros, mostradnos la razón, y ojalá que la luz de la verdad, con los rayos del dogma, ilumine nuestras almas para que la caridad de Cristo permanezca en nosotros y no estén divididos por la lejanía de las tierras los campos que Cristo fecunda».[51]

La epístola a Carlomagno es testimonio manifiesto de la difusión y benéfica influencia del libro de nuestro Beato en las Galias: «Llegó a noticia de tus siervos (escribe Elipando en nombre de los demás) que el fétido escrito de Beato ha contagiado con su veneno a algunos sacerdotes. Ese nefando presbítero y pseudoprofeta asevera que Cristo, en cuanto hombre nacido de las entrañas de la Virgen, no es hijo adoptivo del Padre. Contra esa locura dirigimos una carta a los sacerdotes de vuestro reino y te pedimos por Aquel que en la cruz derramó su sangre por ti, y por ti padeció muerte y pasión, que te hagas árbitro entre el obispo Félix, que en servicio de Dios defiende nuestra causa desde sus juveniles años, y ese Beato, llamado así por antífrasis, hombre sacrílego y manchado con las impurezas de la carne. Rogámoste que des justa sentencia; ojalá Dios humille a tus plantas la cerviz de las gentes bárbaras, y soberbias, y quiebre sus dientes, y convierta en polvo y en humo la gloria de tus enemigos. Restaura a Félix en su dignidad, restituye su pastor a la grey dispersa por los rapaces lobos... Cosa de espanto sería que en las tierras donde, por gracia de Dios y mérito vuestro, no reina visiblemente la impiedad de los gentiles, dominara la oculta calamidad del enemigo antiguo

---

51 «Indigni et exigui Spaniae praesules et caeteri fideles, poscentes almitudinem vestram, ut sicut unius Christi vexillo praesignati sumus, ita pacem illam quam ipse commendavit discipulis suis, intemerato iure servemus. Si quid vero aliter vestra prudentia senserit, reciprocatus vestri sermo socordiam nostram enubilet, et lux veritatis, radio veri dogmatis, abdita pectoris nostri perlustret, ut quos ubertas Christi foecundat, terrae spatium nullo modo dividat» (*España sagrada*, tomo 5, página 557).

por medio de ese Beato Antifrasio, dado a las torpezas de la carne, y adquiriera nuevos prosélitos y los llevase consigo al infierno».

Con igual insolencia está escrito lo restante de la carta, tanto que algunas injurias no sonarían bien traducidas: *Idem foetidus Beatus post conversionem iterum atque iterum ad thorum scorti reversus.* Pero ¿quién dudará entre las imputaciones atroces de Elipando, hijas de la vanidad castigada, y el retrato que Alcuino hace del presbítero montañés santo en la vida como en el nombre? En lo que sí conviene parar mientes es en que afirme Elipando que Beato escribía a todas partes gloriándose de haber convertido con sus escritos a Carlomagno.[52]

En vista de la carta de los españoles, Carlomagno, que había ido a pasar la Pascua del año 794 a Francfort, congregó allí un sínodo de trescientos obispos galos, germanos e italianos, con asistencia de los legados del papa, Teofilacto y Esteban, mas no de Heterio ni de Beato ni de ningún otro español, por más que lo diga Mariana y se lea en la Vida (apócrifa) de san Beato[53] y en el *Cronicón* del falso Hauberto, y lo repitiera el severísimo crítico Masdéu, olvidado aquí de su diligencia ordinaria.

Walchio recogió curiosamente los testimonios de los *Anales Loiselianos*, *Lambecianos* y *Moissiacenses*, del poeta sajón, de Eginhardo, del anónimo adicionador de Paulo Diácono, del *Chronicon Anianense*, de Adon Viennense; de los Anales de san Dionisio y del *Chronicon* Fuldense.[54] En ninguno de ellos se menciona la asistencia de Beato ni de Heterio. El *Anianense* supone que concurrieron al concilio obispos de Italia, Gotia, Aquitania y

---

52 En el apéndice puede verse la carta de Elipando a Carlomagno.* Publicóla por primera vez el padre Flórez en el tomo 5 de la *España sagrada*, página 558 y siguientes, tomada de un códice de la Biblioteca Toledana, donde está también, aunque incompleta, la dirigida a los obispos de las Galias, que publico por primera vez en el apéndice de este tomo.

* Menéndez Pelayo no incluyó esta carta en el apéndice.

53 Publicada por Tamayo de Salazar en el *Martirologio Hispano*. Mabillon la admite como auténtica. En otra parte expondré las razones que tengo para suponerla obra del mismo Tamayo.

54 El padre Flórez había reproducido ya los textos del anónimo continuador de Paulo Diácono y del *Chronicon Moissiacense*, tomándolos de la colección de Duchesne, *Scriptores His. Franc.* Tomo 2, página 206, y tomo 3, página 141.

Galicia (parece errata por Galia); entre ellos menciona a Benedicto, abad del monasterio en que la *Crónica* se escribía, y a sus monjes Beda, Ardo o Smaragdo, Lugila, Anno, Rabano y Jorge. Realmente el concilio era *particular*, y solo debieron de asistir vasallos de Carlomagno. Este rogó a los Padres que admitiesen a Alcuino en sus deliberaciones. Acto continuo hizo leer la carta de Elipando y les preguntó: *Quid vobis videtur?*[55]

Examinada la cuestión por algunos días, todos a una voz decidieron que el adopcionismo era enseñanza herética y debía ser erradicada de la Iglesia, y así lo escribieron en su primer canon. Si el concilio obró justamente en repudiar la que llama *Impia et nefanda haeresis Elipandi Toletanae Sedis Episcopi et Felicis Orgellitanae eorumque sequacium, qui male sentientes in Dei filio asserebant adoptionem*, parece que pecó de ligereza y atrevimiento y aun abrió la puerta a la iconomaquia, condenando en su segundo canon los vocablos adoración y servidumbre, aplicados al culto de las imágenes, quizá por haber entendido mal la letra del concilio Niceno.[56]

Unidos a las actas de este concilio andan los siguientes monumentos:

I. Epístola del papa Adriano a los obispos de España. Carlomagno había transmitido al Pontífice la epístola de Elipando, y Adriano juzgó conveniente refutarla en un escrito que no carece de doctrina y elocuencia, dado aquel

---

55 «*Quid vobis videtur?* Ab anno prorsus praeterito et ex quo coepit huius pestis insania tumescente perfidiae ulcus diffusius ebullire, non parvus in his regionibus, licet in extremis finibus regni nostri, error inolevit quem censura fidei necesse est omnibus modis resecare» (Véase *Libellus Sacrosyllabus* en Labbé, tomo 7).

56 La importancia de ambos cánones me mueve a reproducirlos textualmente: «Coniungentibus, Deo favente, apostolica auctoritate, atque piissimi domini nostri Caroli regis iussione, anno XXVI principatus sui cunctis regni Francorum, seu Italiae Aquitaniaeque provinciae episcopis ac sacerdotibus synodali Concilio, inter quos ipse mitissimus sancto interfuit conventui. Ubi in primordio capitulorum exortum est de impia etc. (Ut supra.)... Quam omnes qui supra sanctissimi Patres, et respuentes una cum voce contradixerunt, atque hanc haeresim funditus a Sancta Ecclesia eradicandam statuerunt...

    »Can. 2: Allata est in medium quaestio de nova Graecorum synodo, quam de adorandis imaginibus Constantinopoli fecerunt, in qua scriptum habebatur ut qui imaginibus Sanctorum, ita ut Deificae Trinitati servitium aut adorationem non impenderent, anathema iudicarentur. Qui supra SS. Patres nostri omnimodis adorationem et servitutem renuentes contempserunt, atque consentientes condemnaverunt».

siglo. Invoca textos de Isaías, de los *Salmos*, de los evangelistas, de las *Epístolas de san Pablo* y de las obras de san Atanasio, san Agustín y san Gregorio, no sin mezclar tal cual argumento de razón, y acaba: «Elijan, pues, lo que quisieren: la vida o la muerte, la bendición o la maldición. Esperamos en la infinita clemencia del Buen Pastor, que tornó al redil en sus propios hombros la oveja descarriada, que lavarán con la penitencia sus pecados y tornarán a su prístina dignidad y buena fama, sin que padezca su honor naufragio ni sean apartados de nuestra comunión».[57] Si persisten, los anatematiza y separa del gremio de la Iglesia.

II. *Libellus episcoporum Italiae*, llamado también *Libellus Sacrosyllabus.* Redactóle Paulino de Aquileya y le aprobaron los demás obispos italianos. Va dirigido ad provincias Galliciae et Spaniarum. Hay dos redacciones: una en que el autor habla en plural, otra en singular: *Quapropter ego Paullinus, licet indignus Peccator omniumque servorum Dei ultimus servus, Aquileiensis Sedis Hesperiis oris accinctae... una cum Petro Mediolanensis Sedis Archiepiscopo, cunctisque collegis, fratribus et consacerdotibus nostris Liguriae, Aquitaniae et Aemiliae.*[58]

III. *Epístola sinódica enderezada por los prelados de Germania, Galia y Aquitania a los de España.* Ni ésta ni la anterior, como refutaciones del yerro de Elipando, tienen particularidad notable. Con leve diferencia, repiten los argumentos que ya hemos leído en el libro de Beato y Heterio y en la epístola del papa Adriano. El autor de la *Sinódica* es ignorado.

IV. *Epístola de Carlomagno a Elipando y a los demás obispos españoles.* Está mejor escrita que las dos anteriores, y puede atribuirse con fundamento

---

57 «Eligant namque quae volunt, vitam aut mortem, benedictionem aut maledictionem. Optamus namque et infinitam boni pastoris Domini precamur benignitatis elementiam, ut qui ovem perditam ad ovile propriis humeris reportavit, ut relictis erroris anfractibus, in quibus malae bestiae, id est, maligni spiritus commorantur... per lamentum poenitentiae sordes abluant peccatorum, et infamata eorum modestia, bonae famae recipiant pristinam dignitatem. Nec honoris periclitentur naufragio et a nostro non disiungantur consortio...» (Labbé, tomo 7).

58 Este documento, que viene a ser, lo mismo que el siguiente, una respuesta al *Quid vobis videtur?* de Carlomagno, se llama *Sacrosyllabo* por estas palabras del prefacio: «Quumque imprecata et concessa esset morosa dilatio per dies aliquot, placuit eius mansuetudini, ut unusquisque quidquid ingenii captu rectius sentire potuisset, per sacras syllabas die... statuto deferret» (Labbé, tomo 7, París 1671).

a Alcuino. El principio es notable por su elegancia y armonía: *Gaudet pietas christiana divinae scilicet atque fraternae per lata terrarum spatia duplices charitatis alas extendere ut mater foveat affectu quos sacro genuerat baptismate...* A la vez que carta de remisión de los demás documentos, es un nuevo escrito apologético. Termina con exhortaciones a la concordia, lastimándose de que los españoles, con ser tan pocos, pretendan oponerse a la santa y universal Iglesia.[59] Mucho había ofendido a Carlomagno el tono de autoridad y magisterio en la carta de Elipando, *in quarum serie non satis elucebat an quasi ex auctoritate magisterii, nos vestra docere disposuistis, an ex humilitate discipulatus nostra discere desideratis.* Como aquel hereje había traído en pro de su errado sentir textos alterados de los padres toledanos (según veremos luego), así Carlomagno como los prelados francofordienses dijeron por ignorancia que «no era extraño que los hijos se pareciesen a los padres».

Dos años después, en el 796 y no en el 791, fecha que tiene en la colección de Labbé, convocó Paulino de Aquileya el concilio Foroiuliense o del Frioul. Aunque expresamente no se nombre en sus cánones a Félix, contra él se dirige la condenación de los que dividen al Hijo de Dios en natural y adoptivo.[60] En el *Symbolum fidei* se repite: *Non putativus Dei filius sed verus: non adoptivus sed proprius, quia nunquam fuit propter horminem quem assumpsit a patre alienus.*[61]

Ni se satisfizo con esto el celo de Paulino. Tres libros compuso, *Contra Felicem Urgellitanum Episcopum*, precedidos de una larga dedicatoria a

59 «Vos igitur quia pauci estis, unde putatis vos aliquid verius invenire potuisse, quam quod sancta universalis toto orbe diffusa tenet Ecclesia? Sub tegmine alarum illarum requiescite, ne vos avida diaboli rapacitas, si foris inveniat, nefando gutture devoret. Redite ad pium Matris Ecclesiae gremium. Illa vos foveat et nutriat, donec occurratis in virum perfectum et plenitudinem corporis» (Labbé, tomo 7, *Synodus francofordiana*).

60 «Similiter et illis non credimus qui in duos videntem filios unum Christum Dei filium dividere, dum illum naturalem et adoptivum affirmare moliuntur, dum unus idemque sit Dei hominisque filius.»

61 Véase en el tomo 7 de Labbé *Concilium Foroiuliense a Paulino Aquileiensi in causa Sacrosanctae Trinitatis et Incarnationis Verbi Divini congregatum sub Hadriano papa I anno DCCXCI.* Los cánones son catorce, precedidos de una larga arenga de Paulino. Pagi, Madrisio y Muratori señalan al concilio la indicada fecha de 796.

Carlomagno, obra en que la buena intención supera de mucho al valor literario, por ser Paulino escritor de gusto pueril y estragado, como nuestro Masdéu le califica. Basta leer estas palabras del proemio: *Reverendorum siquidem apicum vestrorum sacris veneranter inspectis syllabis, saepiusque dulcedinis exigente recensitis sapore, factum est pabulum suavitatis eius in ore meo quasi mel dulce, et tanquam hybiflui distillantis favi, mellitae suffuscae guttulae faucibus meis, totum me proculdubio ex eo quod commodius contigit, dulcedinis sapor possedit...* A este tenor prosigue lo más de la obra. Apenas se concibe mayor afectación en la barbarie. Lo peor es que el patriarca de Aquileya dio en su refutación lejos del blanco, acusando a sus adversarios de arrianos y macedonianos, ernpeñado en demostrarles la divinidad del Hijo y del Espíritu santo, que ellos no negaban. Al fin de la obra pone la *Regula fidei promulgata styli mucrone*, en versos algo mejores que su prosa:

Te, Pater omnipotens, mundum qui luce gubernas,
et te, Nate Dei, caeli qui sidera torques...[62]

Pero no estaba solo el metropolitano aquileyense en esta contienda; a su lado lidiaba el grande Alcuino, maestro de Carlomagno, quien, por la fama de su saber y doctrina, le había hecho venir de las islas Británicas. Comenzó escribiendo a Félix una carta en tono de exhortación cariñosa y no de polémica, y Félix le replicó en un extenso libro hoy perdido, fuera de algunos trozos que en su refutación conservó Alcuino. Llamaba Félix a Cristo *nuncupativum Deum*, pero exponía óptimamente (al decir de su adversario) la doctrina de la unidad de la Iglesia. Siete libros empleó Alcuino para argüir

---

62 Así este opúsculo como el *Libellus Sacrosyllabus* figuran como apéndices (col. 1766 y siguientes) en las *Obras de Alcuino*, edición de Andrés Quercetano (Duchesne, París 1617), que es la que he tenido presente. Walchio cita una edición más correcta de todas las obras de Paulino de Aquileya, hecha por Madrisio.

contra el yerro nestoriano con la autoridad de la Escritura y de los Padres, sin olvidar entre ellos a los españoles Juvenco y san Isidoro.[63]

Pero antes de poner mano en su respuesta había declarado con loable modestia Alcuino que él solo no bastaba (*ego solus non sufficio ad responsionem*),[64] y suplicó a Carlomagno que enviase copias de la obra de Félix a Paulino, Richbodo y al español Teodulfo, obispo de Orleáns.[65] Ya hemos visto la del primero: las de los otros dos, si se escribieron, no han llegado a nuestros días.

Escribió además Alcuino una Epistola cohortatoria a Elipando, convidándole a desistir de su error y a que persuadiera a Félix a lo mismo.[66] Mas de poco le sirvió el tono manso y reposado de tal carta. Irritado el altanero metropolitano por la condenación de Francfort y los nuevos ataques a su doctrina, revolvióse como león herido, y en un acceso de verdadero delirio ordenó aquella invectiva larga, erudita, punzante, mordaz, que lleva el rótulo de *Epistola Elipandi ad Alcuinum*. Así empieza: «Al reverendísimo diácono Alcuino, no sacerdote de Cristo, sino discípulo del infame Beato, así llamado por antífrasis; al nuevo Arrio que ha aparecido en tierras de Austrasia, contrario a las doctrinas de los santos padres Ambrosio, Agustín, Isidoro y Jerónimo; eterna salud en el Señor, si se convirtiere de su yerro; si no,

---

63 Magistri Albini Flacci Alcuini *Contra Felicem Urgellitanum Episcopum*, libri septem. Véase este tratado en F. Alcuini opera quae hactenus reperiri potuerunt, studio et diligentia Andreae Querecetani Turonensis (Lutetiae Parisiorum 1617, col. 782 y siguientes). Scripsi Epistolam pridem Felici Episcopo, charitatis calamo, non contentionis stimulo, dice al principio.

64 Epístola 8.

65 «De libello vero infelicis non Magistri sed subversoris, placet mihi valde quod vestra sanctissima voluntas et devotio habet curam respondendi ad defensionem fidei catholicae. Sed obsecro, si vestrae placeat pietati, ut exemplarium illius libelli domno dirigatur Apostolico, aliud quoque Paulino Patriarchae, similiter Richbodo et Theodulfo Episcopis, Doctoribus et Magistris, ut singulis pro se respondeant... Et tempore praefinito a vobis ferantur vestrae auctoritati singulorum responsa. Et quidquid in illo libello vel sententiarum vel sensuum contra Catholicam fidem inveniantur, omnia Catholicis exemplis destruantur» (Epístola 4 *Ad Carolunn Magnum*).

66 *Epistola cohortatoria in Catholica fide*. Empieza: Perfectio fraternae charitatis... Véase *Obras de Alcuino*, col. 902

43

eterna condenación. Recibimos tu carta, apartada de la verdadera fe, llena de superstición, horrible como la llama del azufre. Al negar la adopción de Cristo no sigues la verdad, antes estás lleno del espíritu de mentira, como tu maestro el antifrasio Beato, manchado con las inmundicias de la carne, arrojado del altar de Dios, pseudo-Cristo y pseudo-profeta».[67]

Por semejante estilo prosigue desatándose contra Beato y Alcuino, acusándolos de perseguir al santo confesor Félix en los montes y hasta en las entrañas de la tierra. Confiesa que les quedaban pocos partidarios en España, porque el camino de la vida es estrecho, y el de la perdición, ancho; repite a Alcuino que no se hinche con su sabiduría, la cual no es bajada de lo alto, sino terrena, animal, diabólica, aunque merced a ella haya infestado a Francia como su maestro la Liébana. Con todas estas invectivas sazona Elipando un largo catálogo de autoridades de santos padres, arrancadas de su lugar, entendidas mal o a medias, para que vinieran en apoyo de su tesis.

Apenas se comprende que haya sido invocado como texto adopcionista este de san Isidoro: «Cuando vino la plenitud de los tiempos, el Hijo de Dios, para salvación nuestra tomó forma de siervo y se hizo hombre».[68] Otros textos estaban falsificados con plena advertencia y deliberación; v. gr., este del misal gótico o muzárabe: *Hodie Salvator noster post assumptionem carnis*,[69] donde Elipando escribe adoptionem. Otros son de propia invención; v. gr., este que supone del referido misal en la fiesta de Jueves santo: *Qui*

---

67 «Reverendissimo fratri Albino Diacono, non Christi ministro, sed Antiphrasii Beati foetidissimi discipuli, tempore gloriosi Principis in finibus Austriae exorto, novo Arrio, Sanctorum Venerabilium Patrum Ambrosii, Augustini, Isidori, Hieronymi doctrinis contrario, si converterit ab errore viae suae, a Domino aeternam salutem, et si noluerit, aeternam damnationem. Epistolam tuam a rectae fidei tramite deviam, nitore sulfureo horrificam, superstitioso sermone exaratam, accepimus... Quod vero asseris nullam carnis adoptionem in Filio Dei secundum formam servi de gloriosa Dei Virgine suscepisse, non vera persequeris, sed mendacio plenos esse ostenderis, sicut et magister tuus Antiphrasius Beatus, Antichristi discipulus, carnis immunditia foetidus, ab altare Dei extraneus, pseudo-Christus et pseudo-propheta» (en las *Obras de Alcuino* y en el tomo 5 de la *España sagrada*).

68 «Postquam venit plenitudo temporis, propter salutem nostram, formam servi accepit, et factus est hominis filius.»

69 *Infesto Ascensionis.*

per adoptivi hominis passionem dum suo non indulget corpori, de lo cual no hay rastro en nuestra liturgia, *ni tampoco del adoptivi hominis vestimentum carnis* que cita Elipando como de la misa de san Esperato. Y todo esto lo atribuía a san Isidoro, a san Ildefonso, que dijo en términos expresos que Cristo no era adoptivo, sino adoptador; a san Eugenio y san Julián, que en concilios toledanos anatematizaron el nestorianismo.

Muy bien y con harta elocuencia, aunque fuera de propósito, demuestra Elipando la humanidad de Cristo, que imagina negada por sus adversarios; pero pronto cae en su error, al extremar con sutileza alejandrina la distinción de las dos formas en Cristo: la forma de Dios y la del siervo adoptado. Y una y otra vez llama a Alcuino discípulo de Beato, no sin añadir: tus palabras por fuera son melifluas; por dentro, más amargas que la hiel y el ajenjo... Nunca tu aceite manchará mi cabeza... ¡Ay de ti, Austrasia; ay de ti, Alejandría que has engendrado un nuevo Arrio para oscurecer y destruir la fe católica!

No puede presentarse más brillante prueba del ingenio y ardorosa elocuencia de Elipando que esta descaminada carta. Cuando no se empeña en su herejía, cuando defiende lo que nadie negaba, está enérgico, vehemente, hasta inspirado: «No podían ser rotos los vínculos del cautiverio (dice en alguna parte)[70] si un hombre de nuestro linaje y naturaleza, exento del original

---

70　«Nam quia captivitatis nostrae resolvi originalia vincula non poterant, nisi existeret homo nostri generis nostraeque naturae, qui peccati praeiudicio non teneretur et qui immaculato sanguine suo Chirographum letale dilueret, sicut ab initio erat divinitus praeordinatum: ita est in plenitudine praefiniti temporis factum, ut multis modis significata promissio in diu expectatum veniret effectum... In magno autem sacrilegio se versari haereticorum manifestat impietas, cum sub specie Deitatis honorandae, humanae carnis in Christo negant veritatem... Cum ita secundum promissionem omnia saecula percurrentem, mundus sit reconciliatus in Christo, ut si non Verbum dignaretur caro fieri, nulla posset et caro salvari... Non ergo quisquam sibi erubescendum existimet Christianus de nostri in Christo corporis veritate, quia omnes Apostoli Apostolorumque discipuli et praeclari Ecclesiarum quique doctores qui ad martyrii coronam vel confessionis meruerunt gloriam pervenire, in huius fidei lumine splenduerunt, consonis ubique sententiis intonantes quod in Domino Iesu Christo Deitatis et carnis una sit confitenda persona. Qua autem rationis similitudine, qua divinorum voluminum portione haeretica impietas se existimet adiuvari, quae veritatem negat corporis Christi? Cum hanc non lex testificari, non Prophetae praecinere, non Evangelia docere, non ipse destiterit Christus ostendere: quaerant per omnem seriem Scripturarum, quo

pecado, no borraba con su propia sangre el signo de muerte y servidumbre. Así estaba ordenado en la plenitud de los tiempos; de muchos modos, por continuos testimonios había sido repetida la promesa, hasta que llegó el anhelado efecto. Grande es el sacrilegio de los que, fingiendo honrar a la divinidad, niegan la verdad de la carne en Cristo, la verdad que nos salva. Si el Verbo no se hubiera hecho carne, ni la carne hubiera podido salvarse ni el mundo ser reconciliado con Dios. Ningún cristiano se avergüence de confesar lo real del cuerpo de Cristo, puesto que todos los apóstoles, y discípulos de los apóstoles, y preclaros doctores de la Iglesia, y cuantos merecieron llegar a la gloria de la confesión y del martirio, resplandecieron tanto por la lumbre de esta fe, pronunciando todos en concordes sentencias la unión personal de la divinidad y la carne en Cristo. ¿Con qué razones, con qué testimonios de la Escritura se ampararán los que la niegan, cuando ni la ley dejó de testificarla, ni los profetas de anunciarla, ni los evangelistas de enseñarla, ni el mismo Cristo de mostrarla clarísimamente? Recorran las Escrituras para huir de las tinieblas, no para oscurecer la verdadera luz, y verán esperado y creído desde el principio lo que en el fin vemos cumplido».

¿Es posible que Elipando, que de esta manera comprendía y expresaba el dogma de la personalidad de Cristo, no parase mientes en que él mismo tiraba a destruirla con su fantástica adopción? Grande ejemplo de humana flaqueza es este obispo toledano, tan ardiente y convencido, pero descaminado por un yerro de inteligencia y un instinto soberbio que le llevaron a morales caídas y aberraciones, a falsificar textos y a calumniar impunemente a sus adversarios.

Por este tiempo, Félix, que, como vimos por su réplica a Alcuino, había vuelto a caer en la herejía, andaba errante y perseguido, por lo cual Elipando ruega a su contradictor que mitigue la indignación de Carlomagno con el obispo de Urgel, para que Dios no pida al rey la sangre de su siervo.

Aumentaba cada día el número de sectarios de Félix, y para reprimirlos juntó el papa León III un concilio de cincuenta y siete obispos en el año 799.

---

tenebras suas fugiant, non quo verum lumen obscurent, et per omnia saecula ita veritatem invenient coruscantem, ut magnum hoc et mirabile Sacramentum ab initio videant creditum quod est in fine completum...» (*España sagrada*, tomo 5, páginas 573 y 574, o en las *Obras de Alcuino*, edición cit. Col. 190).

Hablan de este sínodo el mismo Félix en su *Confessio fidei*[71] y el adicionador de Paulo Diácono. De las actas solo quedan fragmentos, que publicó por primera vez Sirmond y pueden verse en todas las colecciones.

Harto confusa anda la cronología de estos acontecimientos. El arzobispo de Marca[72] habla de otro concilio celebrado en Urgel el referido año de 799, al cual asistieron, por comisión del papa, los obispos Leidrado, de Lyón, y Nefridio, de Narbona, con el abad Benedicto y otros prelados de la Galia aquitánica. Pero Walchio tiene semejante concilio por invención de Pedro de Marca, y el padre Villanueva se acuesta a su opinión,[73] dando por probable que ese Leidrado no sea otro que el *Leideredus praesul almae genitricis Dei Mariae in Urgello gratia Dei sede praesidente*, que afirma una donación en 806 y que pudo ser sucesor de Félix, ya depuesto.

Admitido que el concilio sea una ficción, porque ni quedan actas ni testimonios antiguos que acrediten su existencia, lo único que podemos afirmar es el viaje de tres enviados de Carlomagno, Leidrado, Nefridio y Benedicto Anianense a Urgel para reducir a Félix y extirpar los restos de su herejía. A ellos y a los demás prelados de la Galia gótica enderezó Alcuino una epístola, que se lee al frente de sus libros contra Elipando.[74] De aquí nació la fábula del sínodo.

Llegados los dos obispos y el abad a Urgel, Leidrado puso en manos de Félix un salvoconducto para presentarse a Carlomagno.[75]

Y Félix compareció no ante un concilio, sino en una conferencia teológica habida en Aquisgrán, donde estaba Carlomagno, muy aficionado a aquellas deleitosas termas, conforme refiere Eginhardo: *Delactabatur... vaporibus aquarum naturaliter calentium*. Por eso cantó Manzoni:

---

71 «In qua Synodo, praesente Leone Apostolico, et cum eo caeteri Episcopi numero LVII residentes et plerique presbyteri ac diaconi cum eis in domo beatissimi Petri Apostoli, per quorum omnium auctoritatem sentantias nostras excluserunt.»

72 Véase *Marca Hispanica*, col. 260. 270 y 345.

73 *Viaje literario*, tomo 10, página 25.

74 Véase *Obras de Alcuino*, col. 920 y ss (edición cit.).

75 Dícelo el mismo Félix en la *Connfessio fidei*: *Posquam ad praesentiam domini nostri Caroli regis perductus sum, licentiam ab eo, secundum quod et venlerabilis dominus Laidradus, Episcopus nobis in Urgello poilicitus est, accepimus.*

¡Oh Mosa errante! ¡oh tepidi
lavacri d'Aquisgrano!
Ove, deposta l'orrida
maglia, il guerrier sovrano,
scendea del campo a tergere
il novile sudor.[76]

Lo que en Aquisgrán pasó, sabémoslo por relación del mismo Félix y de Alcuino. Expuso Félix su sentencia de la adopción; replicáronle varios obispos con autoridades de san Cirilo, de san Gregorio el Magno, de san León y con las decisiones del sínodo Romano de 799. Y entonces Félix, no por violencia, sino por la fuerza de la verdad (*non qualibet violentia, sed ratione veritatis*), abjuró por tercera vez, ex toto corde, según él afirma, en presencia de muchos sacerdotes y monjes, prometiendo hacer penitencia de su pasado error y perjurios. Lo mismo hicieron, a ejemplo suyo, muchos de sus discípulos.

A los que en Cataluña quedaban les dirigió una profesión de fe del todo católica, en que abiertamente rechaza y condena, absque ulla simulatione, el dogma de Nestorio con todas sus consecuencias. Este documento, que en el Apéndice pueden ver los lectores, está dirigido a los presbíteros Elmano, Ildesindo, Exuperio, Gundefredo, Sidonio, Ermegildo; a los diáconos Vittildo y Witirico y a los demás fieles de la iglesia de Urgel.[77]

Alcuino inserta una carta de Elipando a Félix, escrita poco después de la conversión de éste, que el de Toledo ignoraba. La tal epístola está en un latín sumamente bárbaro y lleno de solecismos, como redactada en estilo familiar, y es útil, por tanto, para la historia de los orígenes de nuestra lengua. Júzguese por el comienzo: *Sciente vos reddo, quia exeunte Iulio vestro scripto accepi, et exeunte Augusto vobis item conscripsi*. Nótase en toda la carta un absoluto olvido de los casos de la declinación y abundan frases

---

76 *Adelchi*, coro del acto 4.º
77 La *Confessio fidei* se halla en las colecciones de Labbé, Mansi y Aguirre en el tomo 96 de la *Patrología* de Migne y en otras partes. Todos lo tomaron de las *Obras de Alcuino*, donde también hay una breve epístola de Félix, *Filiae in Christo charissimae*, previniéndola contra el adopcionismo. Son los únicos escritos que de él conocemos.

construidas de un modo tan extraño como la de Sciente vos reddo (te hago sabedor). Comparada esta carta con las demás de Elipandi, gramaticalmente escritas, se reconocerá, sin duda, la existencia de un dialecto familiar al lado del latín culto y erudito de la época. De ese dialecto fueron naciendo las lenguas romances.[78]

Refiere Elipando, en su carta que un cierto Militen, hereje de su bando, qui recta de Deo sentit, le había enviado unos cuadernos contra Beato. Alude luego a su propia contestación al hijo del Averno, al nuevo Arrio, Alcuino, discípulo no de Cristo, sino de aquel que dijo: Pondré mi trono en el Aquilón y seré semejante al Altísimo. Recomienda a un tal Ermedeo para que Félix le instruya en la verdadera fe, y dice haber remitido a los hermanos de Córdoba (es decir, a los adopcionistas) la carta de Félix.

Cuando Elipando escribió esta carta, tenía ochenta y dos años y no mostraba grandes deseos de convertirse. Pagi, Tamayo de Salazar y algún otro aseguran que lo hizo, pero sin alegar fundamento plausible. Doloroso es decirlo, pero el rumor de la abjuración de Elipando es solo una piadosa creencia, acogida de buen grado por escritores a quienes repugnaba que un arzobispo de Toledo hubiese muerto en la herejía. Los falsos cronicones, que con tantas y tan peregrinas circunstancias, que ni recordar he querido por respeto a la dignidad de la historia, exornaron la narración de los errores de Elipando, fingiendo hasta cartas de Ascárico o Ascario a él y de él a Ascario, no dejaron de llenar con la mejor intención ese vacío y salvar tropiezo tan grave. El falsario e invencionero Román de la Higuera forjó una carta del diácono Eutrando, en que se hablaba de la gran penitencia de Elipando. Gabriel Vázquez, que era teólogo y no investigador, aceptó como legítimo ese documento en su libro sobre el adopcionismo.[79]

---

78 Ducange (*Glossarium mediae et infimae latinitatis pref.*, n.º 29-31) pone por ejemplo esta carta. También la inserta el padre Flórez. Yo la reproduzco en el Apéndice, tomada de las *Obras de Alcuino.*

79 *Disputationes duae contra errores Felicis et Elipandi, de servitute et adoptione Christi in Concilio Francofurdiensi damnatos.* Auctore P. Gabriele Vázquez... (Compluti 1594). Libro muy curioso, aunque de interés más científico que histórico. En excusa de Elipando escribió también el padre Nieremberg una carta a Ramírez de Prado. Publicóla éste en su edición del Falso Luitprando. La vida de san Beato, que Tamayo de Salazar publicó en su Martirologio como

Lo único que sabemos ya de Elipando es que Alcuino compuso contra él la obra titulada *Libelli quatuor Alcuini contra epistolam sibi ab Elipando directam, quibus evacuat pravas illas assertiones,* refutando su error y amonestándole a la conversión con el ejemplo de Félix. Lo que de este libro nos interesa es la confesión que Alcuino hace de no encontrarse en los Padres españoles las frases adopcionistas que Elipando citaba: «San Isidoro nunca llamó adoptivo al Hijo de Dios; Juvenco le llama expresamente hijo propio; san Julián nada dice que favorezca tu opinión, ni en los sínodos toledanos puedes apoyarte... Bien sabido tenemos que has alterado perversamente y con inaudita temeridad sus sentencias, lo cual he podido comprobar después de la conversión de Félix, ahora compañero nuestro».[80] De esta manera reparó Alcuino el agravio inferido a nuestra Iglesia por los Padres de Francfort, que admitieron cual legítimos los textos de los doctores alegados por Elipando después de haberle convencido de falsario en citas de san Agustín y san Jerónimo.[81]

Si oscuro es el fin de Elipando, no menos el de Félix. Han supuesto algunos que tornó a su silla y a sus honores, fundados en estos versos del poeta sajón, analista de Carlomagno:

Quo Praesente, Petri correctus in aede Beati
pontificum coram sancto, celebrique Senatu
damnavit prius infeliciter a se
ortam perfidiae sectam, meruitque reverti

---

tomada del Leyendario asturicense, es, en mi sentir, no solo interpolada, sino apócrifa, y obra del mismo Tamayo. Contiénense en ella hechos evidentemente falsos, como el afirmar que Félix fue francés y discípulo de Elipando; la asistencia de Beato y Heterio al concilio de Francfort, un supuesto concilio de Toledo (por confusión con la junta de Aquisgrán), en que Elipando abjuró con lágrimas y sollozos su doctrina, etc. El falsario manifestó tanta ignorancia como atrevimiento. Lo extraño es que autores de seso le hayan seguido.

80 «Sententias vel perverso interpretari sensu, vel perfida vos immutare temeritate agnovimus, veluti in aliquibus probavimus locis, dum ad nos per Felicem, olim vestrum, nunc aditem nostrum commilitonem, plures vestri erroris pervenerunt litterulae» (lib. 2 *Contra Elipandum*).

81 «Sanctorum Patrum per loca testimonia, invenimus posita, sed male perfidiae veneno corrupta.»

ad propriae rursus retinendum sedis honorem.

Pero ¿quién no ve, por los versos que a éstos preceden, que el autor se refiere a la primera abjuración de Félix en Roma, después del concilio Ratisbonense, y no a la de Aquisgrán? ¿No lo dice bien claro:

Hinc ad catholici deductus Principis aulam
(idem Regina nam tum hiemavit, in urbe)
a multis ibi Praesulibus Synodoque frequenti
est auditus, et errorem docuisse nefandum
convictus, post haec Adriano mittitur almo?

Si el papa era Adriano, ¿cómo hemos de suponerle vivo en 799? Es extraña la alucinación de Masdéu en esta parte.

Fuera de controversia parece que Félix murió en Lyón (*Lugdunum*), según unos, en 800; según otros, en 804, y no falta quien retrase la fecha hasta 808. Durante sus últimos años había dado muestras de tornar al antiguo error. Refiérelo san Agobardo, obispo lugdunense: «Enseñó Félix a algunos que nuestro Señor Jesucristo, según la carne, había ignorado dónde estaba el sepulcro de Lázaro, puesto que preguntó a las hermanas: *ubi posuistis eum?*, y que había ignorado verdaderamente el día del juicio, y lo que hablaban en el camino los dos discípulos de las cosas que habían pasado en Jerusalén, que tampoco había sabido quién de sus discípulos le amaba más, dado que preguntó: *Simon Petre, amas me plus his?* De todo esto deducía Félix que el hijo adoptivo podía ignorar estas cosas, pero no el propio». Agobardo, sabedor de las predicaciones del antiguo obispo de Urgel, procuró convencerle, con razones y autoridades de los santos padres, que los modos de hablar humanos que el Evangelio usa no han de entenderse a la letra ni en material sentido. Prometió Félix enmendarse; pero después de su muerte se supo que había explicado a muchos la crucifixión con el símil del sacrificio de Isaac. El cordero era para él símbolo del hombre adoptado que había de padecer en la cruz en vez del Isaac celeste, que, como tal, era impasible. De aquí a la distinción gnóstica o nestoriana entre el *Eon Christos* y el hombre Jesús no había gran distancia. Para colmo de males encontró Agobardo entre los papeles de Félix una cédula[82] donde, en forma de preguntas, parecía volver a su antiguo error, añadiendo frases de marcado sabor nestoriano. Refutólas san Agobardo discreta y templadamente en su *Liber adversus dogma Felicis Episcopi Urgellensis: Ad Ludovicum Pium Imperatorem*. Más que dudoso es, por tanto, el final arrepentimiento de Félix. Aunque el escrito hallado por san Agobardo fuese anterior a la profesión de fe, los demás indicios pasan de vehementes. Sin embargo, el padre Villanueva le defiende y se proponía hacer una apología extensa ponderando las virtudes de Félix, haciendo notar los anacronismos, contradicciones y oscuridades de su historia, etc. Es lástima que no llegase a hacerlo, porque su monografía me hubiera servido mucho para este capítulo.

Tantas abjuraciones y recaídas, tanto variar de opinión a cada paso, dieron a Félix reputación de hombre liviano y tornadizo. Pero, si bien se mira, su carácter lo explica todo. En costumbres era un santo: la iglesia de Urgel le ha venerado como tal, y el mismo Agobardo confiesa que muchos admiraban y seguían la doctrina de Félix movidos solo por la rectitud de su vida.[83] Pero a sus buenas cualidades mezclaba una debilidad grande de genio, una desdichada tendencia a dejarse arrastrar de cualquier viento. Por huir del error de Eutiques cayó en el de Nestorio, dice san Agobardo. Convencíanle a veces los argumentos de los católicos y no tenía reparo en abjurary retractarse. Pero quedábale el torcedor de la duda y le hacía recaer muy pronto. La monomanía de la adopción, el empeño de explicar a su modo y por extraños caminos la personalidad de Cristo sin la unión hipostática sustancial de las naturalezas, trajéronle toda su vida inquieto y desasosegado.

No así a Elipando, hombre de otro temple, altanero y tenaz, de los que se casan con una opinión y no la dejan, máxime si es perseguida. De Elipando no sabemos ninguna abjuración total ni parcial, y su carácter y todos sus

---

82 «Post obiturri Felicis... inventa est a nobis quaedam cedula ab eo edita sub specie interrogationis et responsionis: quam cum legentes consideraremus, inspeximus hominem diligenter et fraudulenter instaurasse, quantum in se fuit, omnem pravitatem dogmatis... qui licet aliqua verba, quae prius imprudenter efferebat, postea sulopresserit, aliqua tamen nunc addidit quae tunc reticuit.»

83 «Qui incaute admirantes vitam praedicti Felicis, probanda putant omnia quae dixit» (véase el tratado de Agobardo en la *Bibliotheca Veterum Patrum*, página 238 del tomo 14).

actos, y hasta el tono de sus polémicas, llevan a suponer que no dudó ni vaciló nunca, Félix, en su dulzura y en las agitaciones de su conciencia, se parece a Melanchton. Elipando, por lo fanático y agresivo, recuerda a Lutero. No sentarían mal en la pluma del fraile sajón aquellas epístolas, llenas de dicterios y de afrentas.

El último documento[84] relativo a los personajes que en esta herejía intervienen es la citada donación del obispo Leideredo al abad Calordo y a los presbíteros Ucanno, Eldesindo, Exuperio, Gontefredo, Sidonio, Ermegildo y otros, de san Saturnino de Tabernols, que son precisamente los mismos a quienes enderezó Félix su *Confessio fidel*. Hay en esta escritura una frase que parece puesta de intento para condenar el adopcionismo: *per gloriosissimo homine, quem pro nos et pro nostra salute suscebit*. Tiene este instrumento la fecha del año 5 de Carlomagno, 806 de la era cristiana.[85]

Con Félix y Elipando murió el adopcionismo, y no podía tener otra suerte una herejía nacida de particulares cavilaciones. Lo extraño es que durase tanto y pusiera en conmoción a media Europa y tuviera buen número de secuaces, aunque pocos nombres se han conservado. Investigando sus causas, hallámoslas, hasta cierto punto en las reliquias de la doctrina nestoriana censurada por Vital y Constancio y en las opiniones bonosíacas, acerca de las cuales un tal Rústico consultó al obispo de Valencia Justiniano en tiempo de Teudis.[86] Pero nada de esto hubiera bastado a producir aquella tormenta sin las sutilezas y espíritu movedizo de Félix y la terquedad y fanatismo de Elipando. En el siglo anterior poco hubieran influido estas circunstancias:

---

84 Para apurar cuanto acerca de esta herejía conozco, no dejaré de advertir que Benedicto Anianense, prelado de *Septimania*, escribió una *Disputatio adversus Felicianam impietaten* que publicó Baluze, en el libro 4 de sus *Misceláneas*.
Algunas de las epístolas de Alcuino se refieren asimismo a esta cuestión. Nótese sobre todo la 69, *Ad fratres lugdunenses*, exhortándoles a huir del error de los españoles. Acaso hubo otras refutaciones, hoy perdidas.

85 Véase en Villanueva, *Viaje literario*, tomo 10, apéndice, doc. 4, páginas 225 y siguientes.

86 Lo mismo opina Walchio en su *Historia Adoptionorum*:
«Nec lubet diffiteri mihi probabile videri, doctrinam De adoptione Christi a Bonosiacis in Hispaniam esse illatam atque ab eo tempore, clandestinis conciliis conservatam: a Felice denique emendatam magis eaque quae illi de Christo Deo dixerant, ad Christum hominem revelata fuisse.»

concilios y doctores habrían ahogado en su nacer aquella secta. Pero los desdichados tiempos que atravesaba la península Ibérica, conquistada en su mayor parte por árabes y francos, eran propicios a cualquiera revuelta teológica, cuando no a todo linaje de prevaricaciones. En aciagos momentos se levantó la voz del metropolitano de Toledo para secundar la del obispo de Urgel y dividir, más que lo estaba, al pueblo cristiano, introduciendo la confusión en las almas y llenando de tinieblas los entendimientos. Una sutileza vana, que en otros tiempos hubiera sido materia de disputa para teólogos ociosos, levantó inmensa hoguera, porque toda controversia y división entre cristianos, cuando el enemigo llamaba a las puertas, era echar leña al fuego. Triste cosa fue que principiase el desorden y la rebelión por la cabeza y que el obispo de Toledo, sucesor de Ildefonso, de Julián y de Eugenio, en vez de animar a los fieles al martirio o a la guerra santa, esparciese entre los suyos la cizaña, trayendo nueva tribulación sobre la Iglesia española.

Pero no lo dudemos: esta tribulación, como todas, a la vez que providencial castigo de anteriores flaquezas, fue despertador para nuevas y generosas hazañas. Ella aguzó el ingenio y guió la mano de Beato y Heterio para que defendiesen la pureza de la ortodoxia con el mismo brío con que había defendido Pelayo de extraños invasores los restos de la civilización hispanorromana, amparados en los montes cántabros. Allí se guardaba intacta la tradición isidoriana, allí vivía el salvador espíritu de Oslo y de los Padres iliberitanos, de Liciniano, de Mausona y de Leandro. Y la herejía fue vencida y humillada por Beato; ni restos de ella quedaron. España la rechazó como al priscilianismo y al arrianismo, que antes la habían amenazado. No hubo Inquisición ni tormentos que sofocasen aquellas doctrinas. ¿Quién había de encender las hogueras? El impulso venía de arriba. Los adversarios eran un pobre monje de Liébana y un obispo sin diócesis. ¿Qué podía temer de ellos Elipando, que vivía entre los musulmanes? Cierto que el adopcionismo fue condenado en Francia y Germania y que escribieron contra él Alcuino y Agobardo; mas ¿por ventura se cometió algún acto de violencia con Félix o sus parciales, siquiera abjurasen y reincidiesen y tomasen a levantarse? No hay duda: el error murió, porque ningún error arraiga en España. ¿No hubiera sido muy de temer la fundación de una Iglesia nestoriana, es decir, el cisma acompañado de la herejía? ¿Cuándo hubo circunstancias más propicias a ello? ¿Quién privaba a Elipando de hacerse patriarca y cabeza de la Iglesia de España? ¿No tendría alguna vez este mal pensamiento, él, tan independiente y altivo, tan despreciador de toda autoridad que contradijera sus aberraciones?

No creo necesario insistir en su doctrina. Virtualmente queda ya expuesta por boca de amigos y enemigos; documentos hartos para juzgarla tiene el lector así en el texto como en los apéndices. Ya habrá visto que Félix no fue arriano, ni iconoclasta, ni macedoniano, por más que con todas estas culpas le hayan cargado historiadores mal informados.[87] Walchio redujo con buena crítica los capítulos de condenación del adopcionismo a cinco:

I. La distinción ἄλλως καὶ ἄλλως (*non similiter sed dissimiliter*) en Cristo, hijo propio de Dios según la divinidad, adoptivo según la humanidad.[88]

II. La regeneración de Cristo, que como hombre tuvo necesidad del bautismo y en él fue adoptado.[89]

III. La frase Dios nuncupativo, fórmula inepta y errónea, la cual parece indicar que Félix no entendió la unión hipostática ni la *communicatio idiomatum*.

IV. La forma del siervo, entendiendo mal la frase *servum Dei*, usada en las Escrituras.

V. El suponer ignorancia en Cristo, por mala inteligencia de varios lugares del *Nuevo Testamento*.

Comparaba Félix la adopción de Cristo con la de los santos, con la diferencia de estar el primero exento de todo pecado: Adoptionem Christi adoptioni piorum esse similem: hac tamen lege ut ille caruerit omni peccato.

---

87 De distinto modo yerra el padre Tailhan, S. I., en su reciente y hermosa monografía *Les Bibliothèques espagnoles du Haut-Moyen-age*, contando a Claudio de Turín (cuyo yerro fue únicamentela iconomaquia) entre los prosélitos del adopcionismo.

88 Dícelo Agobardo: «Utrum Christus Dominus in utraque natura similiter sit filius Dei an dissimiliter. Ille respondit: non similiter sed dissimiliter... quia sicut in se continet duas naturas... ita duobus modis creditur Dei filius... Secundum divinitatis essentiam natura, veritate, proprietate, genere... atque substantia: iuxta humanitatem vero non natura, sed gratia, electione, voluntate, placito, praedestinatione, adsumptione et caetera».

89 Compruébalo Alcuino: «Refert quoque (Félix) eum (Christum) baptismo indiguisse volens, ut videtur, eum in baptismo adoptari, sicut et nos».

El nombre de Dios solo podía aplicarse a Cristo en cuanto hombre como extensivo y común a entrambas naturalezas, *non de essentia sed de nomine, quod commune sit utrique naturae.*[90]

El adopcionismo, sin ser un juego de palabras, como Basnage, Mosheim y otros teólogos protestantes afirman, es una herejía de carácter bizantino, una sutileza dialéctica, sin trascendencia en la historia del pensamiento. Pero en la naturaleza misma de la cuestión, en la manera como fue expuesta y combatida por los ortodoxos, tenemos un brillante ejemplo del estado intelectual de España en aquel siglo. En otra nación hubiera brotado una herejía grosera, propia de entendimientos oscurecidos por la ignorancia y abatidos por la servidumbre. Aquí no; se disputaba acerca del punto más alto de la Christologia, la consustancialidad del Verbo; los argumentos, sobre todo en los impugnadores, eran unas veces sutiles, otras profundos, como de gente amaestrada en las lides de la razón. De una y otra parte menudeaba la erudición bíblica, y Beato y Heterio merecen y obtienen el lauro de muy entendidos expositores. Cuánto habían estudiado los sagrados Libros, cuán presentes tenían las obras de los Padres latinos y de algunos griegos, muéstralo el comentario de nuestro doctor montañés al Apocalypsis. En esta exposición, verdadera Catena Patrum, agotó san Beato su erudición peregrina[91] y merced a él han llegado a nosotros considerables fragmentos de obras hoy perdidas.[92] Félix

---

90 Para aclarar más y más el verdadero espíritu de la doctrina, reproduzco este trozo de Elipando: «Non per illum qui natus est de Virgine visibilia et invisibilia condidit, sed per illum qui non est filius adoptione sed genere: neque gratia sed natura. Et per istum Dei filium, adoptivum humanitate, et nequaquam adoptivum Divinitate, mundum redemit».

91 Esta *Exposición* fue impresa por primera y única vez en 1770, gracias a la diligencia del padre Flórez. Fue una de las obras más estimadas en la Edad media, y ha llegado a nosotros en códices de grande importancia paleográfica, como los de Urgel, Gerona, Valladolid, san Millán (hoy de la Academia de la Historia) y san Isidoro de León (hoy de la Biblioteca Nacional). Se divide en doce capítulos y está dedicada a Heterio.

92 San Beato de Liébana.
    Delisle (Léopold), *Mélanges de paléographie et de bibliographie* (París 1880).
    Ramsay (P.), O. S. B., *Le commentaire de l'Apocalypse par Beatus de Liébana: Revue d'Histoire et de littérature religieuses* (1902), tomo 7, página 419.
    Id., *The manuscripts of the commentary of Beatus of Liébana of the Apocalysis:*

era en Francia respetado por su saber, y tuvo discípulos tan nobles como el español Claudio, obispo de Turín. El hombre más señalado que en letras poseía la corte de Carlomagno, el bretón Alcuino, pagaba justo tributo a la ciencia de Beato, quedando inferior a él en su réplica, y solicitaba el auxilio de otro español, Teodulfo, obispo de Orleáns, porque no se atrevía a lidiar él solo contra adversarios tan temibles como Félix y Elipando, dice Haureau.[93] Parece, en efecto, según una nota publicada por el padre Montfaucon, que Teodulfo escribió contra Elipando, aunque el libro no se conserva.

Revue des Bibliothèques (1902), tomo 12, páginas 74-103.

Didot (Firmin), *Les Apocalypses figurées* (París 1870).

Frimmel, *Die Apocalyse in der Bildershandschriften des Mittelalters* (Viena 1855).

Gutiérrez del Caño, Códices y manuscritos que se conservan en la Biblioteca de la Universidad de Valladolid (Valladolid 1888), páginas 16-39.

Bofarull y Sans, *Los códices, diplomas e impresos en la Exposición Universal de Barcelona de 1888* (1890), páginas 13-15.

Fita (padre Fidel), *Boletín de la R. Academia de la Historia*, tomo 41 (1902), páginas 353-416.

«Un nuevo manuscrito del comentario sobre el *Apocalipsis* de san Beato de Liébana», art. del padre Z. García, S. I., *Razón y Fe*, tomo 12, agosto de 1905.

Veintiuno son los códices conocidos hasta ahora del comentario de san Beato (Véase P. Ramsay en la *Revue des Bibliothèques*), y hay noticia de otros diez que se han perdido.

El que da a conocer el padre Z. García es de la Biblioteca Corsiniana de Roma, hoy de la Academia dei Lincei: «Este manuscrito, aunque no es el más antiguo de los que poseemos, parte, por lo menos, se remonta a últimos del siglo XI o principios del XII. No hay un solo manuscrito de san Beato, de los que han llegado hasta nosotros, completo; todos tienen varias o muchas lagunas».

«El comentario de san Beato ejerció una influencia grandísima en la miniatura de España desde el siglo IX hasta el XIV.»

«Tienen gran valor estos códices para el texto de la Biblia gótica. San Beato se sirvió de ella para su comentario, y ahora nos pueden servir a nosotros mucho estos códices para conocer su verdadera lectura. En fin, estos manuscritos, en que la fonética, la morfología y la sintaxis latina sufren las transformaciones más caprichosas que se pueden imaginar, según la época en que han sido escritos, suministran a los filólogos elementos nada despreciables para el conocimiento del latín vulgar en España.»

93 *Singularités historiques et littéraires*. Theodulfe.

En realidad, la herejía misma (y se puede hablar de ella con toda libertad, porque hace siglos que no tiene sectarios ni apologistas, como no sea alguno de esos impíos modernos, que tienen la peregrina ocurrencia de aprobar toda heterodoxia por lo que tiene de negativa, sin reparar que aplauden cosas contradictorias), la herejía, digo, no deja de mostrar alguna perspectiva y lucidez en sus autores. No es el nestorianismo puro, error fácil de ocurrirse a cualquiera que se ponga a desbarrar acerca de la *Encarnación*, sino un término medio algo original e ingenioso. Excusado es advertir que no tenía condición de vida y estaba además en el aire. Por ser nestorianismo vergonzante, no se apartaba menos que el error de Nestorio de la verdad católica. Era como el panenteísmo de los krausistas con relación al panteísmo espinosista o al de Schelling.

Pasó, pues, el sistema de la adopción al sepulcro del olvido, como tantas otras extravagancias y caprichos teológicos, que solo han servido para dividir la Iglesia y embrollar la más santa y pura de las doctrinas.[94] Pero indirecta-

---

94 Adopcionismo.

Los textos de las falsas decretales concernientes a la Trinidad y a la Encarnación están tomados de los escritos de Idacio de Mérida y del papa san León (Hinschius, *Decretales Pseudo-Isidorianae*, páginas 132 y 134, Berlín 1863).

Sobre estos textos doctrinales Véase Möhler, *Fragmente aus und über Pseudo-Isidor*, publicado en 1829 y en 1832 en la Tübing, *Theologische Quartalschrift*, y reimpresas en 1839, por diligencias de Döllinger, en la colección de los *Schriften und Aufsätze de Möhler*, I, páginas 283-347.

Visiblemente están dirigidos, unos, contra las doctrinas erróneas sobre la Trinidad, que comienzan en la primera mitad del siglo IX (Véase Möhler, páginas 340 y siguientes). El texto más significativo es el del discurso pronunciado en 791 por el obispo Paulino de Aquileya (*Concilium Foroiuliense*: Mansi, XIII, col. 841-842: «Contra eos videlicet qui de personarum discretione dubitant; qui ipsum putant esse Patrem ipsumque Filium; qui inferiorem Filium et posteriorem mentiuntur esse Patrem; qui tria principia confitentur...».

En el número de los que dicen «Filium posteriorem esse Patre» se puede citar a Migecio, combatido por Elipando. Contra esta proposición que enseñó Migecio, véase Pseudo Hyg., Pseudo Sixto, II. En fin, contra los adopcionistas que dicen que Cristo no es verdaderamente Hijo de Dios e invocan en su apoyo los textos de la Escritura que se expresan en términos diferentes sobre la naturaleza divina y la naturaleza humana de J. C., véase Pseudo Evaristo, Pseudo Hyginio, Pseudo Soter, Pseudo Félix, Pseudo Eutychiano...

Otros más numerosos van dirigidos contra las teorías adopcionistas, destructoras de la enseñanza cristiana sobre la Encarnación, que habían hecho gran ruido en el reinado de Carlomagno y estaban vivas aún en tiempo de Carlos el Calvo. No sabremos a ciencia cierta en qué región circulaban estas doctrinas heterodoxas; acaso preocupaban un poco en todas partes a los espíritus cultivados.

Paul Fournier, *Étude sur les fausses décrétales: Revue d'Histoire Ecclésiastique* de Lovaina, enero de 1906.

Heterio y Beato, *Liber De adoptione Christi*. (En el tomo 96 de la *Patrología* de Migne o en el 13 de la *Maxima Bibliotheca Veterum Patrum*, Lyón 1677.)

Álvaro Cordobés, Epístolas 1 y 4 en el tomo 11 de la *España sagrada*, que contiene las obras de los santos varones cordobeses.

Félix, *Confessio fidei*. En las *Obras de Alcuino*.

Paulino de Aquileya, *Contra Felicem* episcopum. Libri tres, etc. En las *Obras de Alcuino* o en las del mismo Paulino. (Ed. de Madrisio.)

Alcuino, *Contra Felicem*, libri septem. *Epistola ad Elipandum*. *Libelli Contra Elipandum*. En sus obras (edición de Andrés Quercetano Duchesne, París 1617). *Synodus Francofurdiana*. *Libellus Sacrosyllabus*. Synodus Leonis Papae tertii. (En las colecciones de concilios.)

Chronicon Moissiacense. Annales Francorum Fuldenses ab anno 714 ad annun 900. Annales rerum Franciscarum ab anno 741 ad annum 814. Caroli Magni vita ab incerto auctore. Eginhardi, Vita Caroli Magni. Poeta sajón: *De gestis Caroli Magni*, libri quinque, etc. En los, tomo 1 y 2 de la colección de Duchesne, *Historiae Francorum scriptores coaetanei ab ipsius gentis origine ad nostra usque tempora* (París 1636).

S. Agobardo, *Adversus dogma Felicis*. En el tomo 14 de la Max. *Bibliotheca Veterum Patrum* Ed. lugdunense.

Gabriel Vázquez, *Disputationes duae* (Véase supra). Después fueron incorporadas en sus comentarios a la *Summa*, tratado *De Incarnatione*.

Nieremberg, carta a Ramírez de Prado en *Luitprandi opera quae extant...* notis illustrata (*Antuerpiae* 1640), página 518. Libro apócrifo y de poca cuenta.

Pedro de Marca y Esteban Baluze, *Marca Hispanica, sive Limes Hispanicus* (París 1688), tomo 3, cap. 12.

Flórez, *España sagrada*, tomo 5. Es rico en noticias y documentos.

Christiani Guill. Franc. Walchii, *Historia Adoptionorum*. Goettinguae, sumptibus Dan. Frid. Kuebleri, 1755, XII-288 páginas. Es el mejor trabajo sobre la materia, aunque no inmune de resabios de secta (el autor era luterano). Cita algún otro trabajo anterior y breve de Jacobo Basnage, Mosheim, etc., y sobre todo la disertación de Madrisio (Madru de Udina), De Felicis et Elipandi haeresi, incluida en el Thesaurus theologicus del padre Zaccaria, tomo 9, página 353.

Villanueva, *Viaje literario*, tomo 10. Suple en algún modo la falta del tomo de Urgel

mente fue ocasión de un desarrollo de apologética cristiana no despreciable.[95]

Capítulo II. Siglo IX. La Herejía entre los muzárabes cordobeses. El antropomorfismo. Hostegesis

I. Estado religioso y social del pueblo muzárabe. II. Herejía de los acéfalos. III. Espárcense doctrinas antitrinitarias. Álvaro Cordobés y el abad *Spera-in-Deo* las refutan. IV. Apostasía de Bodo Eleázaro. Su controversia con Álvaro Cordobés. V. Hostegesis. El antropomorfismo. VI. El «*Apologético*» del abad Samsón. Análisis de este libro.

I. Estado religioso y social del pueblo muzárabe

Interesante aunque doloroso espectáculo es el de una raza condenada a la servidumbre y al martirio. So el amparo de pactos y capitulaciones había quedado entre los musulmanes la mayor parte de la población cristiana, que no era posible ni conveniente exterminar, dado que en tan pequeño

---

en la *España sagrada*. Véanse además las Historias generales de Ambrosio de Morales, Mariana, que dedicó un buen capítulo a este asunto; Ferreras, Masdéu (que incurre en graves errores, como el de convertir al antiguo hereje Bonoso, padre de la secta bonosiana, en monje de Liébana, compañero de san Beato y escritor, etc.), los Anales de Baronio, las notas de Pagi, el Martirologio de Tamayo (lleno en esto, como en lo demás, de fábulas), la *Historia eclesiástica de España*, del doctor la Fuente, etc.

No he querido hacer mérito de las supuestas cartas de Ascárico o Ascario, invención de Román de la Higuera.[f]

---

f Del erudito premonstratense P. D. José Martí, digno compañero de Caresmar y Pascual, cita Torres Amat (Escritores catalanes, página 391) una disertación, que quedó inédita, Sobre los errores de Félix, obispo de Urgel.

95 Fuentes de este capítulo. Aunque ya quedan indicadas, conviene reunirlas. *Chronicon del Pacense* (sigo la ed. de Migne, tomo 96 de la *Patrología*); epístolas del papa Adriano (dos a Egila y Juan, otra a los obispos españoles). En el tomo 5 de la *España Sagrada*.

Elipando, Epístolas. Son siete. Las dirigidas a Migecio, a los obispos de las Galias y a Carlomagno fueron impresas por el padre Flórez en el citado, tomo 5. La que se endereza al abad Fidel está en el libro de Beato y Heterio. Las encabezadas a Alcuino y a Félix, en el de Alcuino.

número habían venido los invasores. La escasa resistencia que los árabes encontraron, el patrocinio y favor de los magnates visigodos conjurados para derribar el trono de Ruderico, causas fueron para impedir y mitigar en los primeros días de la conquista los rigores contra una gente vencida sin combate y en ocasiones aliada. Ocupados los emires en intentonas allende el Pirineo o en atajar sublevaciones de los diversos pueblos que seguían las banderas del Islam y consolidar la prepotencia muslímica en nuestro suelo, hubieron de seguir forzosamente una política de tolerancia con los españoles sometidos, que ya entonces se denominaban mostaarab o muzárabes (mixti-arabes de nuestros latinistas). Indicamos en el capítulo anterior que el culto cristiano había sido, por lo general, respetado. En Córdoba, cuyos sucesos van a ocuparnos principalmente, conservaban los nuestros, según testimonio de san Eulogio, seis iglesias (san Acisclo, san Zoyl, los tres santos, san Cipriano, san Ginés Mártir y santa Eulalia). Dos monasterios cerca de la ciudad y seis en la sierra contribuían a mantener el fervor cristiano. Unidas a las iglesias duraban las escuelas que mandó establecer el cuarto concilio Toledano. En algunas Tasílicas, como la de san Acisclo, había pequeñas bibliotecas. Por tales medios vivía la tradición isidoriana, asiduamente cultivada por graves doctores, en quienes corría parejas la santidad de la vida con lo variado de la enseñanza. La escuela del abad *Spera-in-Deo*, apellidado por san Eulogio varón elocuentísimo, lumbrera grande de la Iglesia en nuestros tiempos,[96] educó invencibles campeones de la fe, señalados a la par como ardientes cultivadores de las humanas y divinas letras. Del gimnasio de *Spera-in-Deo* pudiéramos decir como los antiguos del de Isócrates: Veluti ex equo troiano innumeri duces prodiere. Estudio principal de estos claros varones era, además de la ciencia religiosa, la erudición profana, registrada y compendiada en el libro de las Etimologías. Pero no se desdeñaban de buscarla en sus fuentes, y es muy de notar la frecuencia y el cariño con que Álvaro Cordobés invoca nombres y frases de clásicos paganos, la diligencia con que san Eulogio buscó en su viaje a Navarra códices antiguos, llevando a Córdoba, como triunfales despojos, la *Eneida* de Virgilio, las Sátiras de Horacio, las de juvenal, los opúsculos de Porfirio, las fábulas de Avieno y la *Ciudad de Dios*

---

96 «Vir dissertissimus, magnum temporibus nostri Ecclesiae lumen» (*Memoriale Sanctorum*, lib. 1, n.º 7).

de san Agustín. «¿Qué libros católicos, de filósofos, de herejes o de gentiles se ocultaron a su aplicación?»,[97] escribe Álvaro en la vida de su amigo. Uno y otro daban culto a las musas profanas, deleitándose en metrificar y hacer ejercicios de estilo. Su ciencia era residuo de la del grande Isidoro, *Beatus et lumen, noster Isidorus*, de cuya tradición se habían mostrado poco antes seguidores, en Toledo, Elipando; en Asturias, Beato y Heterio; en Francia, Alcuino. Para nada influye en las obras de los primeros muzárabes la cultura musulmana, fuese grande o pequeña la que entonces poseían los conquistadores. Bajo el aspecto literario son los muzárabes el último eco de una civilización ahogada por la esclavitud, mientras que en otras regiones florecía y cobraba nueva vida al benéfico aliento de la independencia religiosa y civil.

Alguna, aunque pequeña, disfrutaron los muzárabes. Gobernábalos un conde de su nación (*comes christianorum*), como en los tiempos visigodos. De la grey cristiana eran elegidos también el censor o juez, el publicano o arrendador de tributos y el exceptor o tesorero.

En las ceremonias y prácticas externas del culto tampoco hubo, por de pronto, grande opresión. Podían los fieles ser convocados a los divinos oficios a toque de campana y conducir a los muertos a la sepultura con cirios encendidos, piadosos cantos y cruz levantada. Solo estaba penada con azotes la blasfemia pública contra Mahoma.[98]

La necesidad en que los gobernadores mahometanos se veían a las veces de traducir documentos latinos y entenderse con reyes cristianos les hizo valerse de algunos muzárabes doctos en la lengua de Arabia. De ellos fue el abad Samsón, como adelante veremos.

La división de razas, que en las monarquías restauradoras iba borrándose por influjo de la común empresa, se conservaba con harto vigor entre los muzárabes, latinos unos, otros visigodos. A éste que podemos calificar de elemento de rencilla y discordia, uníase otro más lamentable y profundo. El continuo trato de cristianos con infieles daba origen cada día más a enlaces matrimoniales o ilícitos concubinatos, de donde resultó una población mixta,

---

97 «Quae potuerunt eum latere ingenia catholicorum, philosophorum, hacreticorum, necnon gentilium?» (*Vita B. M. Eulogii*, n.º 8).

98 «Lex publica pendet et legalis iussa per omne regnum eorum discurri, ut qui blasphemaverit, flagelletur» (Álvaro, *Indículo luminoso*, n.º 6).

designada por los musulmanes con el afrentoso título de muladíes o mestizos. Aunque obligados a seguir la ley alcoránica, eran tenidos en poca cuenta por los árabes de raza, de cuyo desprecio se vengaron prevalidos de su gran número, encendiendo más tarde feroz y sanguinosa guerra.[99]

Poco duró la tolerancia de los árabes en el califato cordobés. Ya Hixem, primer sucesor de Abderrahman, prohibió el uso de la lengua latina y mandó que asistieran a las escuelas arábigas los hijos de los cristianos. El primer paso para la fusión estaba bien calculado, y los efectos correspondieron al propósito. Buena parte de la población cristiana llegó, si no a olvidar del todo, a entender mal el latín, de lo cual mucho se lamenta Álvaro Paulo. Al contagio del habla debía seguir el de las costumbres, y a éste el de la religión, engendrando dudas y supersticiones, cuando no lamentables apostasías. Algo hubo de todo, como adelante veremos, pero ni tanto como pudiera recelarse ni bastante para oscurecer la gloria inmensa de los que resistieron lidiando a un tiempo por la pureza de la fe y por la ciencia y tradición latinas.

Antes de entrar en la lucha interior, en la batalla contra la herejía y el materialismo, que es la que me toca describir, conviene recordar de pasada el heroico esfuerzo de los confesores y mártires que en los reinados de Abderrahman II y de *Mahomad* fueron víctimas de la ya desatada intolerancia de los muslimes. Los pactos a que en el principio de este capítulo me refería habían sido ya rotos más de una vez en el siglo VIII, como testifica el Pacense; pero, aparte de estas infracciones pasajeras y de las tiránicas leyes de I lixem, mantúvose el statu quo, a despecho del fanatismo de los alfaquíes, hasta 850. Livianos pretextos sirvieron para quebrantar las leyes. Los dos primeros mártires fueron los hermanos hispalenses Adulfo y Juan, cuya vida escribió el abad *Spera-in-Deo*, aunque se ha perdido. Poco después fue degollado Perfecto, presbítero de san Acisclo, por haber maldecido de Mahoma, aunque no en público. Delatáronle varios infieles, faltando a la palabra empeñada. El año siguiente fue azotado públicamente y murió en las cárceles el confesor Juan. La sangre de las primeras víctimas encendió, en vez de extinguirse, el fervor de los muzárabes y su íntima aversión a la ley del Profeta. Del monasterio tabanense descendió el antiguo exactor Isaac para conquistar la

---

99 Véase en el tomo 2 de la *Historia* de Dozy la interesante narración de estas turbulencias.

palma inmarcesible. Pedro, Walabonso, Sabiniano, Wistremundo, Habencio y Jeremías se presentaron, de común y espontáneo acuerdo, ante los jueces pidiendo el martirio como aborrecedores de la ley islamita. Y tras ellos se ofrecieron al suplicio el mancebo portugués Sisenando, el diácono Paulo, que cursaba humanas letras en la iglesia de san Zoyl, y las vírgenes Flora y María. Para alentarlas había compuesto san Eulogio el *Documentum Martyriale*. Flora pertenecía a la casta de los muladíes, como hija de moro y de cristiana. En 852 padecieron el último suplicio Gumersindo, el monje Servus-Dei y el diácono Georgio. Aurelio y Sabigoto, Félix y Liliosa rescataron con la final confesión la flaqueza de haber ocultado por algún tiempo su fe. Abrasados en santo celo, que escritores sin alma apellidan fanatismo, dieron público testimonio de su creencia los cuatro monjes Cristóbal, Leovigildo, Emila y Jeremías. Rogelio y Servo-Deo llevaron más adelante su audacia, prorrumpiendo en sediciosos gritos dentro de la mezquita; crimen penado con el horrible tormento de cortarles los pies y las manos. La sangre corría a torrentes: hacíase cada día más imposible la reconciliación y convivencia de moros y cristianos. A la persecución oficial se añadían los insultos y atropellos de la plebe. Poco a poco se iba despojando a los cristianos de sus iglesias; los muslimes se juzgaban contaminados en tocar las vestiduras de nuestros fieles, no les consentían penetrar en sus barrios, denostábanlos con nombres de ignominia y torpes cantares, cuando no les arrojaban piedras o inmundicias. Al llamar la campana a las horas canónicas movían la cabeza maldiciendo a los cristianos y pidiendo a Dios que no tuviese misericordia de ellos.[100] En cambio, toda abjuración era bien recibida y largamente premiada. Algunos, los menos, renegaron de la fe por librarse de tan humillante servidumbre. Otros, de sobra tibios, pero no apóstatas, comenzaban a murmurar del entusiasmo de los mártires, teniendo por manifiesta locura ir a buscar la muerte provocando a los verdugos, aunque fuera constancia y heroísmo el aguardarlos. De tal disposición de los ánimos trataron de aprovecharse los consejeros de Abderramán II para poner término a aquellas lamentables escenas. El califa obligó a nuestros obispos a reunir un concilio para que atajasen el desmedido fervor de su grey. Presidió Recafredo, metropolitano

---

100 Véase Álvaro Cordobés, *Indículo luminoso*, n.º 6, y san Eulogio, *Memoriale Sanctorum; passim*.

de la Bética (a. 852), y los Padres, temerosos, por una parte, de incurrir en la saña del príncipe musulmán y no queriendo, por otra, condenar un arrojo santo y plausible que respondía a anteriores provocaciones, dieron un decreto ambiguo, *allegorice edita*, dice san Eulogio, que sonaba una cosa y quería decir otra (*aliud gustans et aliud sonans*), pero que parecía condenar la espontaneidad del martirio. La Iglesia muzárabe se partió en dos bandos: unos justificaron con la decisión conciliar su cobardía y descaecimiento de ánimo; otros, y a su frente san Eulogio, ornamento de la raza hispanolatina, y Álvaro Paulo, el cordobés, descendiente de familia judaica y condiscípulo de Eulogio en las aulas de *Spera-in-Deo*, levantaron su voz en defensa de las víctimas y de los oprimidos. Si algunos infames hicieron granjería de su culto, trocándole pro vendibilibus muneribus, una potente reacción católica levantóse contra tales prevaricaciones en tiempos del bárbaro califa *Mahomad*, sucesor de Abderramán II, príncipe ilustre a pesar de sus violencias. *Mahomad* hizo derribar toda iglesia levantada desde la época de los godos. En esta segunda persecución buscaron y obtuvieron el lauro de la mejor victoria Fandila, presbítero; Anastasio, diácono; el monje Félix, la religiosa Digna, Benildis, matrona de muchos días, y la contemplativa virgen santa Columba. En los tres libros del *Memoriale Sanctorum*,[101] de san Eulogio, pueden leerse los pormenores de todos estos triunfos y de los de Pomposa, Aurea, Elías, Argimiro y algunos más. El encendido y vehemente estilo del santo y la impresión enérgica y cercana bajo la cual escribía dan a aquellas páginas un santo calor que nunca tendría mi seca y desmayada prosa. Y en el *Documentum Martyriale*, ya citado, así como en el *Apologeticum SS. Martyrum*,[102] veránse descritos en rasgos enérgicos o patéticas frases el abandono de los templos, donde teje sus hilos la araña; el silencio de los cantores y salmistas, las cárceles henchidas, los continuos suplicios y la desolación universal. Lo extraño y verdaderamente maravilloso es que ni en la narración de aquellos horrores ni en las exhortaciones al martirio se olvida el escritor de sus aficiones clásicas, y mientras él atiende a imitar a los historiógrafos y oradores antiguos,

---

101 Alcalá 1574, edición de Ambrosio de Morales, o en el tomo 2 de los padres Toledanos.
102 Nárrase en este libro el martirio de Ruderico y Salomón, no incluido en el *Memoriale*.

su amigo Álvaro le felicita con serenidad rara por acercarse al lácteo estilo de Tito Livio, al ingenio de Demóstenes, a la facundia de Cicerón y a la elegancia de Quintiliano. ¡Singular temple de alma el de aquellos hombres, que en vísperas del martirio gustaban todavía de sacrificar a las Gracias y coronar su cabeza con las perpetuas flores de la antigua sabiduría! En la cárcel se entretuvo san Eulogio en componer nuevos géneros y maneras de versos que en España no se habían visto, dice su amigo y biógrafo.

Ya durante la persecución de Abderramán había estado el santo en prisiones, por oponerse tenazmente a los decretos de Recafredo y demás asistentes al concilio o conciliábulo de 852 y apartarse de su comunión. Él robustecía y alentaba hasta el último momento la firmeza de los confesores y recogía y guardaba con veneración los restos de los que morían. Pasada esta persecución, fue electo obispo de Toledo, aunque no llegó a ocupar la silla metropolitana, prevenido por adversos sucesos. En Córdoba, su patria, vino a morir degollado el año 859, juntamente con la virgen Leocricia.[103]

Tal andaba la raza muzárabe en los tristes días que ha de describir esta historia. La persecución no debió limitarse a Córdoba, aunque ésta sola tuvo historiadores. El martirio de las santas Nunila y Alodia en la Rioja y algún otro caso semejante, de que por incidencia habla san Eulogio, bastan a demostrar lo universal de la intolerancia alcoránica. Pero justo es advertir, en obsequio a los fueros históricos, que si el mayor número de los muzárabes resistió generosamente, no fue pequeño el de los que se dejaron vencer por el halago de aquella civilización y costumbres. Álvaro Cordobés se queja, al fin del Indículo, de los que olvidaban las Sagradas Escrituras y hasta la lengua latina, distinguiéndose, al contrario, en erudición arábiga, hasta el punto de vencer en filológicos primores a los mismos mahometanos.

---

103 *S. Eulogi Cordubensis opera, studio ac diligentia Petri Poncii Leonis a Corduba Episcopi Placentini* (Compluti 1574). Edición dirigida por Ambrosio de Morales. El mismo cronista tradujo al castellano la *Vida de san Eulogio*, escrita por Álvaro Cordobés, y la inserta en el libro 14 de su *Crónica*, donde en su sencillo y apacible estilo narra la historia de los mártires cordobeses. Véase, además, el tomo 10 de la *España sagrada* y el cap. 12, página 1.ª, tomo 2 de la *Historia crítica de la literatura española*, del señor Amador de los Ríos, capítulo que es uno de los más excelentes de aquella obra monumental.

En hora aciaga juntóse a todas estas causas de desorden la venenosa planta de la herejía, lozana y florida siempre en la decadencia de los pueblos. Pero no triunfó ni llegó a ahogar la buena semilla, como veremos pronto.

II. Herejía de los acéfalos

En 839 celebróse en Córdoba un concilio, no inserto en nuestras antiguas colecciones y del todo desconocido hasta que le dio a luz el padre Flórez, tomándole de un códice legionense.

A este sínodo asistieron tres metropolitanos: Wistremiro, de Toledo; Juan Hispalense y Adulfo, de Mérida, y cinco obispos, enumerados por este orden: Quirico, de Acci; Leovigildo, de Astigis; Recafredo, de Córdoba; Amalsuindo, de Málaga, y Nifridio, de Ilíberis. El asunto fue condenar a ciertos herejes extranjeros llamados acéfalos o casianos, que, diciéndose enviados de Roma, habían esparcido graves errores en el territorio egabrense. Tenían por inmunda toda comida de los gentiles, renovando en esto el error migeciano. Ayunaban, como los maniqueos y priscilianistas, en el día de Natividad, si caía en viernes (sexta feria). Seguían a Vigilancio en lo de negar adoración a las reliquias de los santos. Daban la Eucaristía in manu a hombres y mujeres. Jactábanse de santidad especial, negándose a toda comunicación con los demás cristianos y prohibiendo a los suyos recibir de sacerdotes católicos la penitencia aun *in hora mortis*. Llegaron a constituir una iglesia cismática, supra arenam constructam, que dice el concilio, en el territorio de Egabro (Cabra). Con ellos andaban mezclados otros herejes llamados simoníacos y jovinianos, que autorizaban la bigamia, el incesto y los matrimonios de cristianos con infieles, permitiendo además a los sacerdotes el ejercicio de la cirugía (flebotomía) y el comercio. Para la bigamia se escudaban con el ejemplo de Lamec. El patriarca de estos acéfalos, que tienen poca o ninguna relación, fuera del nombre, con los herejes condenados por san Isidoro en el concilio Hispalense, parece haber sido un cierto Qunierico.[104] No tuvo más importancia ni ulteriores consecuencias esta descaminada predicación, de

---

104 «Condemnamus atque anathematizamus damnabilem illam doctrinam cum suorum Auctores vel Antiphrasium illum Quniericum cum socios suos qui non vincunt malum, sed seducentes corda sua stimulant populum, qui quiescendo favorem in Religione prophanatium vitam ducunt fanaticam. Propterea tam illos

la cual ni noticia lográramos, a no poseer, aunque mutiladas, las actas del referido concilio. Por cierto que está atiborrado de solecismos y tiene interés para la historia de la baja latinidad. La ejecución de los decretos confióse al famoso Recafredo, entonces obispo de Córdoba y luego metropolitano de Sevilla.

III. Espárcense doctrinas antitrinitarias. Álvaro cordobés y el abad «Spera-in-Deo» las refutan

Álvaro Paulo, que veneraba a *Spera-in-Deo* como a padre espiritual suyo, dirigióle, no sabemos en qué fecha, una carta, que es la séptima en su *Epistolario*, invitándole a escribir contra ciertos herejes nebulosos e infandos, de quienes dice que sentían mal de la Trinidad, rechazaban la autoridad de los profetas y doctores y ponían en duda la divinidad de Cristo, escudados en aquel texto: *De die autem illa et hora nemo scit; neque angeli cae-lorum, neque Filius, nisi Pater solus.*[105] A esta recrudescencia de arrianismo se opuso *Spera-in-Deo* en un escrito que debía ir unido a su respuesta a Álvaro, la cual tenemos, aunque da poca luz para la historia. La refutación, por él sometida a la censura de su antiguo discípulo, ponía a continuación de las aserciones heréticas los textos de la Escritura y de los Padres, oportunos para combatirlas.[106] Ni esta obra de *Spera-in-Deo* ni su *Apologético* contra Mahoma, del cual transcribe un breve fragmento san Eulogio en el

---

quam omnes qui reperti fuerint in quibuscumque regionibus vel locis, villulis ac vicis commorantes admonemus eos, et in praedictam catholicam fidem ut redeant exhortamus, sicut ad unionem Ecclesiae in charitatis connexione copulari mereantur» (tomo 15 de la *España sagrada*).

105 «Caput autem ipsorum nequissimorum quod falce sit veritatis resecandum, illud est: quod Trinum in unitate et Unum in Trinitate non credunt: Prophetarum dicta renuunt: Doctorum dogma reiiciunt: Evangelium se suscipere dicunt... Christum Deum ac Dominum nostrum hominem tantum asserunt...» (Alvari, epístola 7, página 148 de la *España sagrada*).

106 «Ego vero humiliter ea proferam quae credo, atque simpliciter enarrem in quaestionibus sciscitatis quae sentio... Sed oppositiones illae, quae sunt in Epistola vestra taxatae, eas sub nomine assertoris exarando iuducam et textu vestro Sanctarum Scripturarum testimonia producam et cum Doctorum dicta...» (página 151, ibíd., epístola 8).

Memoriale Sanctorum (lib. 1), han llegado a nuestros días. En la difusión del antitrinitarismo debemos reconocer influencia musulmana.

IV. Apostasía de bodo Eleázaro. Su controversia con Álvaro cordobés

Sucedió en 839 (escribe el autor de los *Anales bertinianos*) un caso lastimoso para todos los buenos católicos. El diácono alemán Bodo, educado desde sus primeros años en la religión cristiana y en todo género de humanas y divinas letras, que aprendiera en el palacio de los emperadores, habiendo obtenido el año anterior licencia para ir en peregrinación a Roma, se pasó de la religión cristiana al judaísmo, circuncidándose, dejándose crecer barba y cabellos y tomando el nombre de Eleázaro. Aún llevó más adelante su maldad, vendiendo como esclavos a los que le acompañaban, fuera de un sobrino suyo que renegó asimismo de la fe. Casóse Eleázaro con una judía, y a mediados de agosto se presentó en Zaragoza, sujeta entonces al dominio de los musulmanes. Apenas podía creer el emperador semejante apostasía.[107]

No es fácil sospechar las causas de tan singular prevaricación. El autor de los Anales bertinianos la atribuye a codicia: *magna cupiditate devictus*; Álvaro Cordobés, a lujuria y femenil amor. Es lo cierto que Eleázaro se arreó con el cíngulo militar, *accinctus etiam cingulo militari*, y en 840 apareció en Córdoba para ser nuevo tormento de los muzárabes. Instaba a los sarracenos a que no tolerasen el culto cristiano, sino que por fuerza hiciesen a todos sus

---

107 «Interea lacrymabile, nimiumque cunctis Catholicae Ecclesiae filiis ingemiscendum fama perferente innotuit. Bodo Diaconus Alemanica gente progenitus, et ab ipsis pene cunabulis in christiana religione Palatinis cruditionibus, divinis humanisque litteris aliquatenus imbutus, qui anno praecedente Romam orationis gratia poposcerat... humani generis hoste pellectus a relicta Christianitate ad Iudaismum sese convertit et primum... quos secum adduxerat paganis vendendos callide machinari non timuit. Quibus distraactis uno tantummodo secum, qui nepos eius ferebatur, retento, abnegata (quod lacrymabiliter dicimus) Christi fide, sese iudaeum professus est... Sicque circumcisus, capillisque ac barba crescentibus, et mutato, potiusque usurpato Eleazari nomine... cuiusdam Iudaei filiam matrimonio sibi copulavit... Tandemque... Caesaraugustam urbem Hispaniae, mediante Augusto mense, ingressus est», etc. *Annales Bertiniani*, tomo 3 de la Colección Duchesne).

súbditos moros o judíos. La continua persecución atizada por aquel apóstata obligó a los fieles a dirigir en 847 una epístola a Carlos el Calvo, suplicándole que reclamase la persona de aquel tránsfuga, verdadera calamidad para el pueblo cordobés.

Ya antes de esta embajada, referida por los *Anales bertinianos*, aunque sin indicar el resultado, tuvo Eleázaro áspera controversia con el insigne cordobés Álvaro Paulo, columna de la gente muzárabe en aquellos días. Daré alguna noticia de la correspondencia que medió entre Álvaro y el judío.

Con el número 14 se lee en la curiosa colección epistolar de Álvaro[108] una carta al transgresor, a quien llama, sin embargo, *dilecto mihi*, sin emplear para él más que frases de benevolencia. Guiado Álvaro por la idea de que «quien convierte al pecador gana su alma y cubre la multitud de sus propios pecados» (*Qui convertere fecerit peccatorem, lucravit animam eius, et suorum cooperit multitudinem peccatorum*), atento a la verdad y no a las galas del estilo, ataca al adversario en un punto concreto, las setenta semanas de Daniel, no sin advertir antes la diferencia entre el cómputo hebreo y el de los Setenta por lo que hace a los años de la creación del mundo. Pero, si en este punto la opinión es libre, no quiso Dios, advierte Álvaro, que quedase indecisa la fecha del nacimiento de su Hijo: *Non deficiet Princeps de Iuda neque Dux de femoribus eius donec veniat qui mittendus est, et ipse erit spectatio gentium*. Y en efecto, prosigue Álvaro, no se interrumpe la línea antes ni después de la cautividad hasta la usurpación de Herodes, hijo de Antípatro, confirmado en el reino por un senatus-consulto de Roma. Entonces nació el Salvador del mundo y cumplióse la profecía de Daniel. *Et Post hebdomadas sexaginnta duas occidetur Christus; et Civitatem et Sanctuarium dissipabit populus cum duce venturo, et finis eius vastitas, et post finem belli statuta desolatio*. «Si esperáis todavía al Mesías (dice Álvaro), debéis temer nuevas calamidades, porque el profeta no os anuncia la redención, sino la desolación desde la venida de Cristo hasta el fin del mundo.[109] Ya no os queda ni templo, ni altar, ni príncipe. Ya se cum-

---

108 Tomo 11 de la *España sagrada*, primera y única edición que conozco de los escritos de Álvaro.

109 «Et si adhuc Christum, id est Messiam, expectatis, profecto adhuc desolationem maiorem timere debetis: quia non vobis redemptionem, ut vanam opinatis pollicit, sed vastationem ab eius adventu usque ad finem saeculi» (página 175).

plió la profecía de Oseas: *Et sedebunt dies multos filii Israel sine Rege, sine Principe, sine sacrificio, sine altari, sine Sacerdotibus, sine manifestationibus.* ¿Dónde estará la hija de Sión cuando venga vuestro Mesías? ¿Dónde el templo, ya destruido y hecho cenizas, según la profecía de Daniel? Vuelvan los judíos a su antiguo estado: reedifiquen el templo para que descienda a él el Ángel del Testamento. Ya han cesado vuestros sacrificios...» Muestra después evidentísimamente el cumplimiento de la profecía de las semanas y cierra su carta provocando a controversia a Eleázaro.

No dejó de contestar éste, aunque en el códice de las obras de Álvaro no hay más que el principio de su respuesta, habiendo sido arrancadas las hojas subsiguientes. Pero de la segunda epístola (16) de Álvaro al transgresor podemos deducir los argumentos de Eleázaro. Aparte de las blasfemias que largamente usaba, hacía cotejo de la moderna dispersión de los judíos con el cautiverio de Babilonia, alegando que también entonces faltaron reyes y jueces en Israel. A lo cual responde Álvaro que un interregno de setenta años es cortísimo período, y no puede decirse que durante él fuera cortada la línea de los caudillos israelitas, pues Jeconías, que fue cautivo a Babilonia, engendró a Salatiel, y éste a Zorobabel, que volvió a los judíos a su patria, sin que en medio de la cautividad se dispersara el pueblo ni perdiera la tribu de Judá su primacía. Búrlase Álvaro de la supuesta pericia de Eleázaro en las letras hebreas, como si un latino hubiese venido a ilustrar a los príncipes de la sinagoga. Se escudaba el apóstata con la diversidad de interpretaciones del texto bíblico, y Álvaro demuestra sin gran trabajo que lo mismo en la verdad hebraica que en los Setenta o en san Jerónimo están expresas las profecías mesiánicas y las que anuncian la futura desolación del pueblo de Israel. En esta segunda carta muéstrase el doctor muzárabe conocedor no solo de las Escrituras y de las obras de san Jerónimo, sino de las historias de Josefo.

Tornó a replicar el transgresor en una misiva tan pobre de razones como empedrada de textos bíblicos y de dicterios. Quedan solo fragmentos por la razón antes indicada; pero podemos formarnos cumplida idea de ese escrito por la refutación de Álvaro, que tiene las formas y extensión de un verdadero tratado. El animoso polemista cordobés estrecha sin reposo al tránsfuga. Decía éste haber abandonado la ley falsa por la verdadera, como si Cristo hubiese venido a destruir la ley y no a cumplirla; como si la ley de Moisés, carnalmente observada, no se destruyese. Jactábase de las maravillas obradas por Dios en favor del pueblo de Israel, como si en sus libros sagrados no constasen a la par los crímenes y prevaricaciones de aquella gente de dura cerviz. «Tu ley —dice nuestro controversista— anuncia a Cristo aún más que la mía. Millares de judíos esperaron en él: por millares de años se estuvo disponiendo el sacro convite. No somos gentiles, sino israelitas, porque de la estirpe de Israel procedieron nuestros padres. Pero cuando llegó el deseado de las gentes, el anunciado por los profetas, confesamos su venida y vinieron a nosotros los gentiles desde las más remotas playas de los mares. Nosotros somos el verdadero pueblo de Israel que esperaba al Mesías. Pero cuando se cumplió la plenitud de los tiempos, creció el número de los pueblos y, según el vaticinio de los profetas, la gloria del Señor llenó toda la tierra... Si nos reprendéis porque no observamos las ceremonias de la ley antigua, oye a Isaías: *Ne memineritis priora, et antiquiora ne intueamini. Ecce ego facio nova.* Hebreo soy por fe y linaje, pero no me llamo judío, porque he recibido otro nombre: *Quod os Domini nominavit.* El gentil que cree en Jesucristo entra, desde luego, en el pueblo de Israel.» Con igual elocuencia y brío refuta, valiéndose de un argumento a simili, las blasfemias del judaizante contra la Encarnación. «¿Preguntas de qué manera la carne engendró a la carne sin menoscabo de la virginidad? Dime: ¿de qué manera fructificó la vara de Aarón sin ser plantada? ¿Por qué se detuvo el Sol a la voz de Josué? ¿Cómo habló la burra de Balaam? ¿Por qué retrocedió quince grados el reloj de Ezequías? ¿No confiesas tú que todas estas cosas se hicieron no natural, sino maravillosamente?»[110]

El estilo de Álvaro en todas estas contiendas es duro, valiente y agresivo. La copia de erudición escrituraria, grande; el vigor y nervio del razonamiento, no menores. Eleázaro juzgó conveniente suspender la polémica, aferrándose

---

110 «Dicis mihi quomodo caro carnem genuit, et violata non extitit? Dico tibi, qualiter virga Aaron nuces produxit, et plantata non fuit? Qualiter Sol naturalem motum relinquens, longiuscule diem lucendo protraxit? Quomodo maris unda, fluentia naturae suae oblita, erectis marginibus glaciali rigore solidatis gurgitibus, ut murus firmus stetit? Qualiter asina, animal peculae, humanas rite loquelas produxit? Quibus modis Sol per horologium gradibus quindecim retro se vertit? Et dum ista omnia non rationabiliter sed potentialiter facta cognoveris, velis nolis invitus silentio, linguam constringes» (Alvari, epístola 18, página 201).

a su opinión y diciendo que no contestaba a los ladridos de perros rabiosos (*superstitiosum duxi canum, rabidosorum respondere latratibus*). ¡Qué antigua es en el mundo esta manera de cortar discusiones enfadosas! Álvaro felicitó al judío por la sabia cautela con que evitaba el peligro (*te vitantem periculum sapienter miravi*), y aquí hizo punto la cuestión.

Como solo de herejías trato, no juzgo necesario decir de las irregularidades disciplinarias cometidas en los primeros días de su pontificado por el obispo de Córdoba Saulo, escudo más tarde de los cristianos en la era de persecución; ni de la debilidad del metropolitano de Sevilla Recafredo, que, por complacer a los musulmanes, persiguió al mismo Saulo, a san Eulogio y a los demás cristianos que favorecían y alentaban el martirio voluntario. Álvaro Cordobés (*Indículo luminoso* página 244) llama a Recafredo perro rabioso contra la Iglesia de Dios y acúsale de haber puesto en manos de los infieles la espada para aniquilar al pueblo de Cristo. La resistencia de Saulo contra Recafredo produjo un verdadero cisma. Para defender la causa de los mártires compuso Álvaro Cordobés, en vehemente y arrebatado estilo, su *Indículo luminoso*. Y en la *Vida de san Eulogio* achaca a Recafredo más que a Abderramán la primera persecución. Del perverso obispo Samuel, digno amigo y pariente de Hostegesis, daré razón en el párrafo siguiente. Saulo se negó por algún tiempo a comunicar con el metropolitano y los que seguían su opinión. Éstos le acusaron de donatista, luciferiano y discípulo de Migecio, persiguiéndole de tal suerte que anduvo oculto y sin jurisdicción sobre su grey algunos años. Reconcilióse al fin con los demás obispos en un concilio anterior al de 862, aunque la fecha exacta se ignora. Consta todo esto por una epístola de Saulo a otro prelado, la cual anda con el número 10 entre las de Álvaro.

Pero todas estas tribulaciones de la iglesia cordobesa fueron leves en cotejo con la tempestad levantada por el malacitano Hostegesis.

V. Hostegesis. El antropomorfismo

De la vida y costumbres de este mal prelado nos dejó larga noticia el abad Samsón en el prefacio al segundo libro de su *Apologético*. Pero son de tal naturaleza algunos pormenores, que honestamente no pueden transcribirse aquí por temor de herir castos oídos y virginales mentes. Aprovecharé lo que buenamente pueda del relato de Samsón.

Fue el primer autor de esta maldad y renovador de esta herejía —escribe el abad de san Zoyl— Hostegesis, malacitano, a quien mejor pudiéramos apellidar Hostis-Iesu. El cual, arrebatado por pésima codicia y torpe fraude, compró a los veinte años la mitra, contra lo prevenido en los sagrados cánones. Adquirida simoníacamente la dignidad, usóla cada vez peor, elevando al sacerdocio, si sacerdocio es lícito llamarle, a los que antes le habían comprado con dones. Ni se descuidó en amontonar tesoros asemejándose a los mercaderes que el Señor arrojó del templo porque convertían la casa de oración en espelunca de ladrones. Arrastróle luego el demonio de la avaricia a azotar cruelmente a un siervo de Dios hasta dejarle a punto de muerte, la cual en pocos días sobrevino; todo por quitarle ciertos dineros. Las tercias oblaciones de las iglesias, que los obispos reciben legalmente y suelen emplear en la restauración de las basílicas o en el socorro de los pobres, este tirano y sacrílego las exigía por fuerza, como si cobrase un tributo. Con tales artes se enriqueció, y pudo hacer regalos al rey [moro] y a los príncipes de palacio, y servirles, en suntuosos convites, delicados manjares y selectos vinos. En estas reuniones se entregaban Hostegesis y los infieles a desenfrenadas liviandades, según contaba un cierto Aben-Jalamauc, hombre impurísimo...[111] Tenía Hostegesis un escuadrón de gente armada a la puerta de su casa y lo empleaba contra sus propias ovejas. A unos clérigos que no le pagaron las rentas, hízoles azotar por mano de soldados en el foro, decalvar y pasear desnudos por las calles a voz de pregonero. Dicen que había comprado la dignidad episcopal con el solo fin de enriquecerse más que Creso con los tesoros de la Iglesia y poder oprimir impunemente al pueblo de Málaga. Recorriendo después las iglesias so pretexto de visita, fue tomando nota de los nombres de los cristianos de todas edades y condiciones. Después, como toda la provincia testifica, dirigióse a Córdoba con el registro y no cesó de asediar las casas de

---

111 «Non parcit usque ad nauseam crapulis inservire, quos constat inter ipsas epulas effraenata libidine in alterutrum insurgere et inmunditias perpetrare. Et quia impiorum est, in malis actibus gloriari, quidam impurissimus Ibincalamauc dictus a nomine, iactari dicitur, se eo numerosis vicibus prostitisse...» (*Apologético* del abad Samsón, página 378, tomo 11 de la *España sagrada*).

ministros y eunucos para que cargasen nueva contribución a sus diocesanos. En un día de la Virgen viósele abandonar los divinos oficios y la pastoral obligación para acudir a casa de un magnate llamado Haxim. Sucedió este hecho notable en la era 901.

Ahora conviene (prosigue Samsón) declarar la infame progenie de este enemigo de Cristo. Fue su padre Auvarno, grande usurero y verdugo de los pobres, el cual, para librarse en una ocasión de la pena merecida, fingió hacerse musulmán y fue circuncidado por mano de su hijo. Por parte de madre era Hostegesis sobrino de Samuel, que con nombre de obispo tiranizó muchos años la iglesia de Ilíberis. Esclavo de todos los vicios, como quien dudaba hasta *De la inmortalidad del alma* y de la futura resurrección de los muertos, no solo vivió mal, sino que trasladó la iniquidad a sus descendientes. Su fin fue semejante a sus comienzos. En un día de Pascua, habiendo sido depuesto de su silla pontifical, partió a Córdoba, renegó de Cristo, se hizo muzlemita y circunciso y comenzó a perseguir la Iglesia en sus miembros, encarcelando a sacerdotes y ministros y cargándolos de pesadas alcabalas.

El auxiliador y colega de Hostegesis fue, como es notorio, Servando, hombre estólido y procaz, hinchado y arrogante, avaro y rapaz, cruel y terco, soberbio y atrevido. Por los pecados del pueblo fue elegido conde [gobernador] de la ciudad de Córdoba, sin ser de ilustre origen ni de linaje noble, sino hijo de siervos de la Iglesia. Casóse con una prima hermana de Hostegesis, porque, como dijo Salomón, toda ave busca su pareja[112] (*omnis avis quaerit similem sui*). Unidos, prestáronse mutuo auxilio en sus fechorías, infestando Hostegesis la iglesia de Málaga, y Servando la de Córdoba. Con un encabezamiento general obligó a muchos infelices a la apostasía. A los que, alentados por la misericordia divina, resistieron los males presentes con la esperanza de la vida futura, hízoles pagar largo tributo a los reyes ismaelitas. Y, no satisfecho con la persecución de los vivos, mandó desenterrar los cadáveres de los mártires, secretamente inhumados por los cristianos, para irritar con tal vista los ánimos de los infieles contra los que así habían contradicho sus prohibiciones. Impuso largo tributo a todas las basílicas de la ciudad y osó acrecentar los tesoros del fisco con las oblaciones del templo de Dios y de

---

112 Equivale a los refranes nuestros: Dios los cría y ellos se juntan; Cada oveja con su pareja, etc.

la mesa de Cristo, arrancando de esta manera el agua a los sedientos para verterla en el profundo mar. Los sacerdotes eran casi siempre hechuras de Servando, y veíanse forzados, ¡miserable gente!, a ocultar la verdad y celebrar sus alabanzas. Del pastoral oficio pasaron a la adulación: hiciéronse como perros mudos para el lobo y que solo ladraban a los pastores. Envanecido con tan prósperos sucesos, juntóse con Romano y Sebastián, herejes de la secta antropomorfista, contaminados con todo linaje de vicios. El primero, casi octogenario, tenía aún un serrallo de concubinas; el segundo, viviendo aún su mujer, tuvo un hijo de adulterio, que, con desprecio del temor de Dios, afrentó las canas de su padre.

Tales eran los caudillos del antropomorfismo en Córdoba. Nunca había caído tribulación igual sobre la Iglesia española. Dolor causa, y no pequeño, el haber de transcribir esas noticias, que hoy por vez primera suenan en lengua vulgar. Repugna a la razón y al sentimiento que en época alguna, por calamitosa que la supongamos, hayan existido en España obispos como Samuel y Hostegesis, traidores a su ley y a su gente como el gobernador Servando. Pero las leyes de la historia son inflexibles: es preciso decir la verdad entera, puesto que la gloria de nuestra Iglesia está demasiado alta para que ni aun en parte mínima se enturbie o menoscabe por la prevaricación e iniquidad de algunos ministros indignos y simoníacos, mucho más cuando al lado del veneno hallamos el antídoto en los esfuerzos del abad Samsón y de Leovigildo. Lo que en verdad angustia y causa pena es la situación de ese pueblo muzárabe, el más infeliz, de la tierra, conducido al degolladero y puesto bajo el cuchillo por sus pastores, esquilmado por malos sacerdotes, vendido por los que debían protegerle, víctima de jueces inicuos de su propia raza, cien veces peores que los sarracenos y, sin embargo, constante y firme, con raras excepciones, en la confesión de la fe. Esta última circunstancia vale para templar la amargura y convida a seguir la narración de estas iniquidades, siquiera para ofrecer a los herejes e impíos modernos un fiel y verídico retrato de algunos antecesores suyos.

Hostegesis agregó pronto a sus demás crímenes el de la herejía, comulgando, como diría algún filósofo moderno, en la doctrina antropomorfista de Romano y Sebastián. Cuáles eran sus errores, decláralo el *Apologético* del abad Samsón y lo repetiremos luego. Ahora baste decir que, como los antiguos vadianos, suponía en Dios figura material y humana, afirmando que estaba el Hacedor en todas las cosas no por esencia, sino por sutileza (*per subtilitatem quandam*). A lo cual añadía el dislate de creer que el Verbo se había hecho carne en el corazón de la Virgen y no en su purísimo vientre.

Opusiéronse a tales novedades algunos sabios y piadosos varones, especialmente Samsón, abad de Peña Mellaria. En la era 900, año 862, redactó y presentó a los obispos reunidos en Córdoba para la consagración del prelado Valencio una clara, precisa y elocuente profesión de fe, enderezada visiblemente contra el yerro de Hostegesis.[113] «Creo y confieso (decía entre otras cosas) que la Trinidad, autora de todas las cosas visibles e invisibles, llena y contiene (*implet et continet*) todo lo que creó. Está toda en cada una de las cosas y ella sola en todo. Toda en cada una, porque no es divisible; ella sola en todas, por ser incircunscrita y no limitada. Penetra todo lo que hizo, sabiendo y conociendo cuanto existe. Vivifica la criatura visible y la invisible. Pero cuando decimos que está en todas las cosas, no ha de juzgarse que el Creador se mezcla o confunde con las criaturas ni menoscaba en algún modo lo puro de su esencia. Decimos que está en todo porque todas las cosas viven por él: él las escudriña y conoce todas por sí mismo y no por intermedios; él crea sin molestia ni fatiga, y de ninguna criatura está ausente, sino presente todo en todas.» Esta profunda doctrina, indicio seguro de la ciencia teológica y metafísica de Samsón, a quien se ha apellidado, no sin fundamento, el pensador más notable entre los muzárabes cordobeses, va comprobada con textos de la Escritura y de los Padres (san Agustín, san Gregorio el Magno, san Isidoro), sobre todo con este del gran doctor de las Españas en el libro de las Sentencias.

No llena Dios el cielo y la tierra de modo que le contengan, sino de modo que sean contenidos por Él. Ni Dios llena particularmente todas las cosas, sino que, siendo uno y el mismo, está todo en todas partes. Inmensidad es de la divina grandeza el que creamos que está dentro de todas las cosas, pero no incluido; fuera de todas las cosas, pero no excluido. Interior para contenerlo todo, exterior para cerrarlo y limitarlo con la inmensidad de su esencia incircunscrita.

---

113 Insértala en el primer capítulo de su *Apologético*, y la reproduzco en el Apéndice.

Por lo interior se muestra creador; por lo exterior, monarca y conservador de todo. Para que las cosas creadas no estuviesen sin Dios, Dios está en ellas. Para que su esencia fuese limitada, Dios está fuera de ellas y lo limita todo.

Así razonaba el grande Isidoro, y así se prolonga su voz a través de los tiempos para encender el espíritu de Samsón y darnos hoy mismo armas contra la negación y absorción panteísta del creador en lo creado.

Los Padres del concilio dieron por buena la fórmula de Samsón y aun alabaron su celo;[114] pero el impío Hostegesis, escudado con la autoridad de Servando, los obligó a retractar su primera decisión y suscribir una sentencia que él mismo redactó contra el abad melariense. La cual a la letra decía así: «En el nombre de la santa y venerable Trinidad: Nosotros, humildes siervos de Cristo y mínimos sacerdotes, nos hallábamos juntos en concilio tratando de los negocios eclesiásticos, cuando se levantó un hombre pestífero llamado Samsón, prorrumpiendo en muchas impiedades contra Dios y la Iglesia, en términos que más parecía idólatra que cristiano. Atrevióse primero a defender los matrimonios entre primos hermanos, para granjearse de esta suerte en sus demás impiedades el aplauso y favor de los hombres carnales, cuyos instintos halagaba. Censuró luego algunos opúsculos le los Padres e himnos que se cantan en la iglesia y llegó a la impiedad y perfidia de aseverar que la Divinidad omnipotente está difundida en todas partes como la tierra, el agua, el aire o la luz, y que se halla de igual manera en el profeta que vaticina, en el diablo que vuela por los aires, en el ídolo que es venerado por los infieles y hasta en los pequeñísimos gusanos. Nosotros creemos que está en todas las cosas no por sustancia, sino por sutileza. De aquí pasó a afirmar que fuera de las tres personas de la Trinidad hay otras sustancias, no criaturas, sino creadores; con lo cual, siguiendo la vanidad de los gentiles, introduce pluralidad de dioses. Y de una en otra aserción vana ha ido cayendo hasta pasar y romper toda regla. Deseosos de oponernos a tales

---

114 «Hanc meae confessionis fidem compendio brevitatis paucissimis verbis comprehensam, et non multis sed certissimis admodum testimoniis munitam, dum per triduum ante Concilii diem omnibus Episcopis qui adfueram, traderem relegendam, et matute cum omni scrupulositate tractandam, atque ab eis non solum irreprehensibilis, verum etiam approbaretur laudabilis» (*Apologético*, página 392).

errores, condenamos a su autor, le desterramos y privamos para siempre del honor sacerdotal y le apartamos del cuerpo de la Iglesia, para que un solo miembro corrompido no pervierta a los demás... Pues, como dijo el Apóstol, *haereticum hominem post unam et aliam commonitionem devita.* Si alguno, después de esta saludable amonestación, se asociare a él u oyere sus vanas e inútiles imaginaciones, sea anatema».

Hostegesis, con el brazo en alto y el puño cerrado, mandó a los obispos firmar esta sentencia, y ellos, por flaqueza indigna y miedo de la muerte, lo hicieron. El mismo Valencio, amigo de Samsón, que le honra con los dictados de varón lleno de fe ornado de virginidad, modelo de abstinencia, ferviente en la caridad, encendido en cristiano celo, docto en las Escrituras, amante de la rectitud y de la justicia, no juzgó conveniente resistir a los soberbios y contemporizó hasta que se presentara ocasión de enmendar el yerro. El decreto arrancado por la violencia fue transmitido a todas las iglesias andaluzas y lusitanas, entre ellas a la de Tucci, donde Samsón encontró luego un ejemplar e hizo sacar copia, que es la inserta en su libro. Los prelados que no habían asistido al conciliábulo y algunos de los que por fuerza habían asentido al anatema contra Samsón, no tardaron desde sus diócesis en revocarlo y declarar al abad inocente y restituido a sus honores eclesiásticos. Samsón enumera los obispos que se declararon en su favor: Ariulfo, metropolitano de Mérida; Saro, obispo de Baeza; Reculfo, de Egabro; Beato, de Astigis; Juan, bastetano; Ginés, de Urci; Teudeguto, de Illici; Miro, asidonense; Valencio, de Córdoba.[115] Este último nombró a Samsón abad de san Zoilo a ruegos del clero y pueblo de aquella iglesia. Inflamóse con esto la saña de sus enemigos, que, apoyados en un decreto del califa, juntaron nefando conciliábulo, llevando a Córdoba al metropolitano de Sevilla y a los obispos Reculfo y Beato, e hiciéronles firmar a viva fuerza en la iglesia de san Acisclo la deposición de Valencio, a quien sustituyó uno de los fautores del cisma, Stéfano Flacco, no elegido ni solicitado por nadie, dice Samsón, pero, ayudado por una tropa de musulmanes. Para mayor irrisión asistieron a la sacrílega consagración de Stéfano judíos y mahometanos, porque los muzárabes cordobeses se apartaron con horror de tales profanaciones.

---

115 De éstos, Beato puso su voto en manos del obispo de Córdoba. Teudeguto, Genesio y Miro declararon de viva voz el suyo. Los demás, todos por escrito.

Servando se vengó de ellos imponiéndoles un tributo de cien mil sueldos; y, deseoso de acabar con Samsón, le acusó dos veces ante el califa; la primera, de haber divulgado el contenido de unas cartas al rey de los francos, cartas que Samsón, en su calidad de intérprete oficial, había trasladado del árabe al latín. No tuvo efecto este primer amaño, y el gobernador, para saciar su odio y el de Hostegesis, culpó a Valencio y a Samsón de haber incitado a blasfemar de Mahoma a un cristiano que días antes había padecido el martirio. De esta delación infame tampoco obtuvieron fruto los apóstatas, y el abad se salvó casi milagrosamente, aunque en su libro no expresa el modo.[116]

Mientras Samsón andaba errante y perseguido, Hostegesis tuvo en 864 una controversia con el presbítero Leovigildo, hijo de Ansefredo, [117] reprendiéndole éste con dureza su peregrina opinión antropomorfista. Dióse por convencido el obispo de Málaga y modificó su sentir en cuanto a la sutileza, confesando que Dios estaba por esencia en las cosas, menos en algunas que tenía por indignas de recibir su presencia. Lo más extraño fue que en público documento enderezado a la iglesia tuccitana se diese aires de vencedor en la polémica con Samsón y no aludiese para nada a su error primero. La epístola en que tales cosas se hallan fue conservada por Samsón en el capítulo 5 de su *Apologético*. Hostegesis se atreve a decir: «Con sumo cuidado y vigilancia grande, mirando por la Iglesia que Dios nos ha confiado, procuramos apartar todo escándalo y cuestión inútil para que nuestra iglesia, tan combatida por los enemigos exteriores, se consuele a lo menos con la doméstica concordia... Hay algunos que quieren decidirlo todo con la medida de su juicio y olvidan las reglas de los Padres, divinamente inspirados... Ahora poco se suscitó una controversia, que apagamos prestamente condenando a los que perseveraron en su obstinación. Pero a los que, arrepentidos de vanas novedades, han vuelto a la paz eclesiástica, a la concordia de la fe y a la doctrina de los Padres, recibímoslos con los brazos abiertos y, abrazándolos en la caridad, los volvemos al gremio de la Iglesia. Ni nos vanagloriamos de esta victoria,

---

116 Véanse punto por punto todos los sucesos referidos en el prefacio del libro 2 del *Apologético* del abad Samsón (*España sagrada*, tomo 11).

117 Parece ser el autor de un tratado, *De habitu Clericorum*, cuyo prefacio dio a conocer el padre Flórez en el tomo 11 de la *España sagrada*.

pues es de Dios y no nuestra». Con esta increíble frescura, digna de cualquier polemista moderno, trocó Hostegesis los papeles. A renglón seguido dice: «Creemos, creemos que el Verbo encarnó en el útero de la Virgen, y no hemos de olvidar el texto de aquella antífona: *O quam magnum miraculum inauditum, virtus de coelo prospexit, obumbravit uterum Virginis, Potens est maiestas includi intra cubiculum CORDIS ianuis clausis*». Condena luego la doctrina, que supone de Samsón, acerca de los casamientos entre primos hermanos. De la presencia de Dios escribe: «Creemos que Dios, ser incorpóreo y sin lugar (*inlocalem*), que lo dispuso, rige y llena todo con justa armonía, está todo en todas las cosas, pero no difundido como la tierra, el agua, el aire o la luz, que en cada una de sus partes son menores que en el todo». Esto, como se ve, era torcer hábilmente los términos de la sentencia contra el abad, atribuyéndole proposiciones materialistas de que él estaba muy lejano. Corrobora Hostegesis su parecer con textos de la Escritura y de algunos Padres, como san Jerónimo y san Gregorio; pero los rastros y reliquias que de su antiguo error quedaban a nuestro obispo apuntan pocas líneas más abajo: «Los santos padres, cuando hablaron de la plenitud y presencia de Dios, omitieron cautamente el hacer mérito de los ídolos, gusanos, moscas, etc., confesando en términos generales la omnipotencia de la suma Trinidad, interior a todas las cosas, pero no incluida; exterior a todas las cosas, pero no excluida... Al que confesamos ser incomprensible y que no ocupa lugar, de ninguna suerte hemos de suponerle habitador de los ídolos ni de lugares inmundos... Contentos con esta confesión, bástenos saber que la incomprensible y divina Trinidad está sobre todo, bajo todo, ante todo y después de todo. Si alguno después de esto hace inútiles y ridículas preguntas sobre los puercos, cínifes, gusanos, ídolos, demonios, etc., o se atreve a afirmar que en tales cosas está Dios, separámosle perpetuamente del gremio de los fieles. Creemos fiel y sinceramente que Dios está todo en todas las cosas; y que es el Creador de todas». Como vemos, Hostegesis se pone en abierta contradicción a cada paso, y solo acierta a salvarla con estas frases, prudentes a la verdad, pero sospechosas en su boca: «Bástennos las palabras de los profetas y del Evangelio; sigamos con humildad las huellas de los doctores. Callemos acerca de aquellas cosas que ni han sido declaradas ni importan nada para la fe». Y terminaba su carta con estas exclamaciones, que no sentarían mal en boca de Osio o de Leandro: «Con júbilo bendecimos la paz, ya afirmada en la Iglesia, y cantamos con el salmista: *Confirma hoc, Deus, quod operaris in nobis... Firmetur manus tua, Deus et exaltetur dextera tua*. Creemos que ha sido exaltada tu diestra en fortaleza, porque estamos unánimes y del mismo sentir, porque abundamos en riquezas de caridad y bendecimos tu santo e inefable nombre, repitiendo con el profeta: *Benedictus Dominus de die in diem. Prosperum iter faciat nobis Dominus Deus noster*. Haga Dios que prosperemos en la fe y, caminando con justicia por las asperezas de la vida, lleguemos a la tierra de eterna promisión y allí disfrutemos la herencia perpetua con Jesús, que vive en una e igual sustancia con el Padre y el Espíritu santo por los siglos de los siglos. Amén».[118]

Esta epístola hipócrita y cautelosa no engañó al abad de san Zoyl. Él sabía los móviles de la conversión de Hostegesis y los revela en el capítulo 10 de la Apología. Leovigildo y otros buenos católicos se habían negado a comunicar con el impío y malvado obispo de Málaga. Pero, temerosos de las persecuciones y violencias de Servando, acabaron por consentir en la reconciliación, siempre que Hostegesis y Sebastián abjurasen públicamente su yerro. Hiciéronlo así por no concitarse la pública animadversión, y debió de costarles poco semejante paso, siendo, como eran, hombres de mala vida y de pocas o débiles creencias.

Corría el referido año 864, cuando Samsón lanzó desde Tucci su Apología contra el escrito de Hostegesis. Pero esto, párrafo aparte merece.

VI. El Apologético del abad Samsón. Análisis de este libro

Fuera de algunas epístolas de Álvaro Cordobés, el *Apologético* de Samsón es la única obra de teología dogmática y de filosofía que de los muzárabes cordobeses nos queda. La ligera noticia que de ella voy a dar mostrará que el libro no tiene simple interés bibliográfico, sino que merece figurar honradamente en los anales de nuestra ciencia.

Las relaciones entre el mundo y su Creador han sido en todos tiempos uno de los problemas capitales, si no el primero, de la filosofía. Como erradas concepciones para resolverle surgen el panteísmo, identificación de Dios con el mundo; el ateísmo, mundo sin Dios; el acosmismo, Dios sin mundo;

---

118 Véase esta carta en el Apéndice.

el dualismo, que no solo separa y distingue, sino que supone al mundo independiente de Dios. Rechazados estos absurdos, queda solo el dogma ortodoxo de la creación *ex nihilo* y en tiempo, de la acción viva, conservadora, personal y presente de Dios en su obra. Si tal idea hubiere nacido en el entendimiento de algún hombre, habríamos de calificarla de divina, pues solo con ella se explica todo, y a la separación dualista y a la absorción Panteísta sucede la armonía, que enlaza al artífice con su obra. Pero no satisfecho el inquieto espíritu humano con vislumbrar invisibilia Dei per ea quae facta sunt, ha querido penetrar los misterios de la divina alteza y explicar a su modo, es decir, no explicar en manera alguna, la acción de Dios en cada uno de los seres, sustancias y partes. Y aquí han materializado algunos y otros idealizado de sobra. De los primeros fue Hostegesis.

Para el obispo de Málaga, como para los antiguos antropomorfistas,[119] Dios era un ser material y corpóreo, aunque ellos no se diesen clara cuenta de la especie de materia que atribuían a Dios. Imaginábanle colocado en altísimas esferas, desde donde contemplaba los objetos visibles. Pero, argüidos los partidarios de tal doctrina con lugares de la Escritura que claramente enseñan la presencia real de Dios en el mundo, dio Hostegesis la respuesta que sabemos: «No por esencia, sino por sutileza». Y parecíale imposible que ni por sutileza estuviese en cosas bajas e inmundas, de donde nacía también su error respecto a la encarnación del Verbo en el corazón y no en el vientre de la santísima virgen.

No podía ocultarse a Samsón el carácter materialista y grosero de todas estas enseñanzas, restos quizá de las que combatió Liciniano en la época visigoda o nacidas del trato con los doctores musulmanes. Apresтóse, pues, a refutarlas con todas las armas de la erudición y de la lógica.

Su tratado se divide en dos libros y debió tener otro más; pero no llegó a escribirse o se ha perdido. En una introducción, escrita con loable modestia (*ego nec ingenii fretus audacia, nec meriti succinctus fiducia alicuius, altitudinis tento profunda petere et impenetrabilia multis adire*), calificando a los partidarios de Hostegesis de hombres llenos de elación y soberbia, privados de razón y ciencia de las Escrituras, ignorantes de la latinidad, desnudos de todo bien, llenos de estolidez y presunción, anuncia firme y elocuentemente

---

119 Véase contra ellos el tratado de san Cirilo.

sus propósitos de defender la verdad: «Con el favor de Dios levantaré un muro no pequeño delante de la casa de Israel y volveré contra los enemigos sus propias armas. No he de consentir que la pequeña grey sea devorada por los lobos. Ni cederé a amenazas o terrores, porque confío en Dios y no temo a los hombres. Y si algo padezco por la justicia, seré feliz en ello. No ha de tenerse por afrenta mía el resistir a los perseguidores ni por gloria suya el perseguir a un inocente. Pues, como dice san Cipriano, el sacerdote que defiende la ley del Evangelio puede ser muerto, pero no vencido. Con sincero corazón y mente serena estoy dispuesto a contradecir a la iniquidad».[120] Viene en pos una encendida y elocuente *Oratio Samsonis Peccatoris atque Pauperrimi*, solicitando el amparo y favor divinos para su obra. Este primer libro no es propiamente de controversia. En diez capítulos trata de las excelencias de la fe, de los testimonios que prueban la omnipotencia y divinidad del Padre, de la consustancialidad del Hijo, del Espíritu santo, de la unión esencial de las divinas personas, de la humanidad de Jesucristo, de la unión de las dos naturalezas en la persona del Salvador, de la Encarnación, de la presencia de Dios en todas las cosas. Fíjase con especial ahínco en los puntos negados o puestos en controversia por Hostegesis; retrae a la memoria del pueblo muzárabe las enseñanzas de los antiguos doctores y expone siempre la doctrina con lucidez y vigor y hasta con grandeza y galas literarias. De saber escriturario, hace gallarda muestra y conveniente, por cierto, al asunto. Por lo demás, ni su estilo ni su lenguaje pueden calificarse de bárbaros, antes se levantan muy por cima de todos los escritos del siglo IX. Los defectos de Álvaro Cordobés: retumbancia, oscuridad, copia de sinónimos, abuso de retórica, no existen o son menos visibles en Samsón, a quien después de san Eulogio corresponde la palma entre los cordobeses.

El prefacio del segundo libro es, como ya advertimos, una relación de las vidas y costumbres de Hostegesis, Servando, Romano, Sebastián y demás antropomorfistas, escrita quizá con alguna saña y apasionamiento. Síguenla, a modo de documentos justificativos, la profesión de fe de Samsón y las dos cartas de Hostegesis. Preparado el apologista con otra oración, entra en pelea, encarnizándose primero, como varón docto y sabedor de gramática,

---

120 *Apologético*, página 328. Publicóle por primera vez el padre Flórez (tomo 11 de la *España sagrada*), tomándole de un códice de la Biblioteca Toledana.

en los solecismos y descuidos garrafales del estilo de Hostegesis, quien, como el vulgo de su tiempo, confundía los casos de declinación y construía bárbaramente, diciendo por ejemplo: *Contempti simplicitas Christiana*, y otras frases de la misma laya. «Admiraos, admiraos, varones sabios, exclama Samsón lleno de entusiasmo clásico. ¿Dónde aprendió estas cosas? ¿Bebiólas en la fuente ciceroniana o tuliana? ¿Siguió los ejemplos de Cipriano, de Jerónimo o de Agustín? Esos barbarismos los rechaza la lengua latina la facundia romana; no los pueden pronunciar labios urbanos. Día vendrá en que las tinieblas de la ignorancia se disipen y torne a España la noticia del arte gramatical, y entonces se verá cuántos errores cometes tú que pasas por maestro.»[121]

Tras estas observaciones, útiles para desagraviar el buen gusto literario, ofendido, no menos que la pureza del dogma, por los desacatos de Hostegesis, y curiosas porque manifiestan el loable empeño de los muzárabes en conservar la tradición latina, examina Samsón punto por punto las proposiciones de su adversario. No le seguiremos en todo el razonamiento, fijándonos solo en dos o tres puntos capitales. De esta manera muestra el abad la falsedad de Hostegesis en atribuirle la afirmación de estar la Divinidad difundida como el aire, la luz, el agua o la tierra: «Nadie ignora que estos elementos son corpóreos; y ¿cómo yo había de juzgar corpórea a la Divinidad, cuando siempre he afirmado y afirmo que por su propia incomprensible naturaleza está presente (*adesse*) igualmente a los ángeles y a los demonios, a los justos y a los impíos? El cuerpo está sometido a cantidad, y se alarga o estrecha según su masa. Si llamé a Dios corpóreo, mal pude decir que estaba por igual esencia en las cosas corpóreas y en las incorpóreas, puesto que todos los cuerpos no están terminados por la misma cantidad. Si yo hubiera pensado que la esencia divina estaba difundida, no hubiera dicho: Está toda en cada una de las cosas y ella sola en todas, dado que un elemento material difundido no puede hallarse todo en un solo cuerpo. De Dios afirmo que lo llena, contiene y rodea todo, no a la manera de los cuerpos, sino como ser

---

121 *Apologético*, página 408.

incorpóreo e indivisible: todo en cada criatura, y todo en cada parte de ella.[122] Dios ni está contenido en un lugar, ni se mueve de él a otro, ni tiene partes, ni longitud, ni latitud, ni altura, ni superior e inferior, ni anterior y posterior, en lugar o tiempo. Todo lo sostiene, preside, circunda y penetra. Toda la luz o todo el aire no pueden estar contenidos a la vez dentro y fuera, encima y debajo. La luz no llega en el mismo punto a todas partes».

Al efugio de Hostegesis: Dios penetra todas las cosas por sutileza, responde Samsón: «O la sutileza es un atributo de la Divinidad o no. Si lo es, los atributos de la Divinidad no se distinguen de su esencia. Toda la Trinidad, y no una parte de ella, se llama oído, porque toda oye. Toda ojo, porque toda ve. Toda mano, porque toda obra (*operatur*). Toda sutileza, porque toda sin menoscabo penetra lo grande y lo pequeño, lo corpóreo y lo incorpóreo. Toda fortaleza y sabiduría, por más que con relativo vocablo apliquemos la sabiduría al Hijo. Los atributos de Dios son esenciales, no accidentales, porque a la esencia de Dios, siempre perfecto e inmutable, repugna la mutación y el accidente. Si la sutileza no es atributo esencial de Dios, resta que sea o parte suya o criatura. No puede ser parte, porque en la idea de Dios está virtualmente incluida la indivisibilidad. No es criatura, porque sería imperfección en el Creador valerse de instrumentos para las cosas propias de su esencia».[123]

Allanado con esta hábil y poderosa dialéctica el principal baluarte de la herejía, prueba sin dificultad nuestro teólogo la encarnación *in utero Virginis*,

---

122 «Et quomodo Divinitatem ego, ut corpoream quamlibet rem, in incorporeis et corporeis rebus putandus sum dixisse, quam saepe praedicavi et praedico per propriam incomprehensibilem naturam aequaliter Angelis et Daemonibus, iustis et impiis semper adesse?... Corpus enim quantitati subiacet, et molis porrigitur magnitudine aut contrahitur brevitate. Si Deum ut rem corpoream dixi, aequali inesse eum essentia corporeis et incorporeis rebus dicere non potui... Nam si diffusum, ut ipse mendax fingit, ego dixissem Deum, non utique ut dixi, dicerem: Et totus est in singulis et unus in totis. Nam in multis res corporea diffusa, non potest in uno comperiri tota... Omnia eum implere, continere ac circumdare asseram; Sed quia est incorporeus, idcirco indesecabiliter in omnem creaturam idem est unus, et in qualibet parte creaturae ipse est totus...», etc. (*Apologético*, lib. 2, cap. 8, página 410).

123 Abrevio y condenso la argumentación del abad de san Zoyl en el cap. 9 de su *Apología*.

y no en el corazón, con el texto de Isaías: *Ecce virgo in utero concipiet et pariet Filium*; con las palabras del ángel: *Ecce concipies in utero et paries Filium, et vocabis nomen eius Iesum*, y con las de santa Isabel: *Benedictus fructus ventris tui*.[124]

¡Con qué valentía y lucidez declara Samsón en capítulos diversos las teofanías o apariciones de Dios en el *Antiguo Testamento*; la morada del Espíritu santo en algunas almas por gracia, en todas partes por naturaleza; el sentido místico en que debe tomarse la expresión *Deus habitat in coelis*, entendida a la letra por Hostegesis! ¿No es como un preludio del lenguaje vehemente de nuestros místicos este sublime final del capítulo 20 del *Apologético*: «Si quieres subir, como Paulo, al tercer cielo, trasciende con alas rapidísimas lo corpóreo creado y mudable: descansa en la contemplación beatísima de lo inmutable e incorpóreo; reconoce la inmaterialidad del alma humana, a quien por lo excelente de su naturaleza, medio entre la superior y la inferior, ha sido concedido mirar en la baja tierra el cuerpo ínfimo, contemplar en el cielo al Dios sumo? Tienes un alma que no solo se llama cielo, sino cielo del cielo».[125]

Hemos visto que, aun abandonando Hostegesis su yerro primero, negábase a reconocer que Dios estuviera en las cosas malas e inmundas. Contra esta opinión, en el fondo maniquea, demuestra Samsón la bondad de todas las cosas creadas por Dios (*Vidit Deus cuncta quae fecerat, et erant valde bona*), el concurso de cada parte a la universal armonía, la absorción de los que parecen males y dolores particulares en el bien general. El veneno, dice nuestro abad, es muerte para el hombre, vida para la serpiente.

---

124 En el cap. 15, y por incidencia, expone Samsón una teoría de los sentidos que no carece de interés, si era, como parece creíble, la de las escuelas de su tiempo: «E quibus ostiis primo loco ponuntur oculi: qui colorum species discernentes, ea quae longe posita cernunt, ad notitiam tradunt memoriae...», etc. (página 438).

125 «Nunc igitur ut possis per duos coelos usque in tertium coelum, Paulo praeeunte, raptari... incorporeum creatum idemque mutabile acriori admodum nisu et volatu perniciori transcende, atque abhinc in tertium coelum; in ipsius immutabilis incorporei beatissima contemplatione requiesce: teque, humana anima, incorpoream nosce: cui pro naturae excellentia promptum est simul et congruum inter imam vel summam tui tanquam mediante substantia, vel infra despicere corpus imum, vel supra conspicere Deum summum. Habes humanam mentem, non tantum coelum sed coelum coeli vocatam.»

Un capítulo dedica Samsón a exponer la idea de universalidad (*quid sit omnia*) y mostrar la contradicción en que Hostegesis incurría al excluir de algunos objetos la presencia de Dios, después de haber afirmado que llenaba y contenía lo supremo y lo ínfimo, lo celeste y lo terrestre, lo viviente y lo privado de vida. (*Quid debueras dicere quod non dixisti?*) Ni paraban aquí sus antinomias; por una parte decía groseramente que, si Dios estaba en el insecto, con él moriría; si estaba en el leño, sería partido con él; si en el adúltero o en el ladrón, con él pecaría; y pocas líneas más abajo confesaba que Dios no se dividía con las cosas divisibles ni se alteraba con las mudables y sujetas a accidente. (*Neque in his quae dividuntur ipse dividitur, nec in his quae mutantur, ulla mutatione variatur.*)

Con autoridad de san Isidoro, en el *Liber differentiarum*, divide Samsón las criaturas en cinco grados (*non viventia, viventia, sentientia, rationalia, inmortalia*), y muestra la acción continua de Dios en ellas, modificando los cuerpos inanimados, dando vida a las plantas, etc., sin que se mueva una hoja del árbol contra la voluntad del Altísimo. Los objetos que decimos feos, malos e inmundos, ¿por qué han de serlo para Dios y dentro del plan de la creación? En el mundo no hay otro mal que el pecado, hijo de la soberbia y depravada voluntad de las criaturas racionales.

La última y grave dificultad que podía ofrecerse era la presencia de Dios en el lugar donde se comete el pecado o en la persona que prevarica, a lo cual responde Samsón: «Asiste Dios como creador y conservador, no para incitar al mal. Asiste como testigo de la culpa, no como auxiliar en el crimen. Consiente la maldad, pero no participa de ella. Está presente por naturaleza y ausente por gracia». (*Adest ibi Deus, ut creet, non ut ad malum incitet. Adest testis culpae, non adiutor in crimine. Adest sinendo male conceptum libitum explere, non particeps ipse in scelere. Adest per naturam, sed deest per gratiam.*) Es doctrina de san Gregorio el Magno.

Los *Morales* de este santo Doctor, las obras de san Isidoro, muchas de san Agustín, las de san Fulgencio de Ruspe y el libro *De statu animae*, de Claudiano, son las fuentes predilectas del abad cordobés, que a cada paso exorna y ameniza su libro con flores de ajenos vergeles, entremezclándolas diestramente con propios conceptos para que no parezcan exóticas y como pegadizas. Del tratado de Claudiano, a quien llama siempre noster, había hecho ya grande aprecio y uso Liciniano en su preciosa carta al diácono Epifanio.

El efecto de la *Apología*, aun sin el tercer libro, que hoy no conocemos, debió de ser rápido y decisivo. En parte alguna vuelve a hallarse mencionada la herejía de Hostegesis.

¡Así se salvó nuestra Iglesia de este nuevo peligro y volvió a triunfar la unidad católica en el tiempo más calamitoso, entre una raza vencida y humillada en un cautiverio más duro y tenaz que el de Babilonia! La nave que tales tormentas y las que en adelante referiremos, excitadas a veces por malos pilotos, pasó sin zozobrar, llegará al puerto, no hay que dudarlo. Dios está con ella.

Después de Samsón, la historia de los muzárabes empieza a oscurecerse, porque sus escritores faltan.

Grande debió de ser la influencia de aquella raza en la cultura muslímica, que era en el siglo VIII inferior a la nuestra y brilló después con tan inusitados esplendores. La ciencia arábiga fue siempre de segunda mano: en Oriente, como Munck confiesa,[126] nació del trato con los cristianos, sirios y caldeos. El más celebrado entre los primeros traductores árabes de Aristóteles fue el médico nestoriano Honein ben Is'hap, muerto en 873. Algo semejante, en cuanto a la transmisión de la ciencia cristiana, debió de acontecer en nuestra Península. Pero este punto importantísimo, y que directamente no hace relación a mi historia, será cumplidamente ilustrado por el señor Simonet en la suya, De los muzárabes, cuya publicación de todas veras anhelamos.

Hizo la Providencia que los muzárabes sirviesen en otro concepto de mediadores entre la civilización musulmana y la nuestra, colaborando con los judíos en la traslación y difusión de libros orientales durante la era memorable que empieza con la conquista de Toledo por Alfonso VI y se corona con las maravillas científicas de Alfonso el Sabio.

Pero los infelices cordobeses, cuyas vicisitudes religiosas he narrado, no gustaron los frutos de la libertad dada a sus hermanos de Toledo, Zaragoza y Portugal por la espada de los reconquistadores. Cada vez más oprimidos y anhelosos de venganza, se levantaron en la era 1161 contra la tiranía de los almoravides y llamaron en su auxilio a Alfonso el Batallador, ofreciéndole

---

126 *Mélanges de philosophie arabe et juive*, página 314.

diez mil combatientes. En una expedición atrevidísima, por no decir temeraria, penetró el rey de Aragón hasta las costas de Andalucía y llevó de retorno unas doce mil familias muzárabes. Pero los que no pudieron seguir a las gentes libertadoras sufrieron todo el peso de la crueldad almoravide, y fueron llevados cautivos a Marruecos en la era 1162 (año 1124). Si alguna vez tornaron a España fue militando en ejércitos sarracenos. Los demás se perdieron entre la población árabe y berberisca, y cuando san Fernando rescató de manos de infieles a Córdoba, Jaén y Sevilla, apenas encontró muzárabes.[127]

Capítulo III. Un Iconoclasta español en Italia. Vindicación de un adversario de Escoto Erígena

I. Antecedentes de la herejía iconoclasta. II. Claudio de Turín. Su herejía. Su *Apologético*. Impugnaciones de Jonás Aurelianense y Dungalo. III. Otros escritos de Claudio. IV. Vindicación de Prudencio Galindo. Su controversia con Escoto Erígena

I. Antecedentes de la herejía iconoclasta

La cuestión de las imágenes debió de presentarse desde los primeros tiempos del cristianismo. Sabida es la prohibición de los simulacros por la ley mosaica, disposición nacida de las tendencias del pueblo hebreo al culto idolátrico. *Non facies tibi sculptile, neque omnem similitudinem, quae est in coelo desuper, et quae in terra deorsum, neque eorum quae sunt in aquis super terram*, leemos en el capítulo 20 del *Éxodo*. Pero esta prohibición no era absoluta. En el capítulo 25 del mismo libro ordena Dios a Moisés que haga el propiciatorio de oro purísimo, y añade: *Duos quoque cherubim aureos et productiles facies ex utraque parte oraculi*. En los primeros tiempos de la ley de gracia, y por un peligro semejante, el de las reminiscencias paganas, vedaron algunos Padres y concilios, entre ellos el nuestro de Ilíberis, las imágenes: *Ne quod colitur aut adoratur in parietibus depingatur*. A pesar de todo, la devoción iba multiplicando las representaciones esculturales y pictóricas de Cristo, de su Madre y de los apóstoles.

---

127 Véase Amador de los Ríos, *Historia crítica de la literatura española*, tomo 2, cap. 12, y el primer tomo de las *Recherches* de Dozy.

El arte cristiano, todavía en la cuna, se ensayaba en reproducir las historias del Antiguo y *Nuevo Testamento*. La Iglesia, que no recelaba ya el contagio del gentilismo, amparó las artes plásticas bajo su manto, considerándolas como excelente medio de educación para las razas bárbaras. Cierto que en la veneración de las imágenes podían caber abusos, cayendo algunos por ignorancia en la adoración del traslado en vez del original, pero contra este peligro obstaba no solo la palabra escrita, sino la continua enseñanza del sacerdote católico. Todo bien considerado, los inconvenientes eran menores que las ventajas, puesto que nunca un pueblo, y más aquellos pueblos rudos y neófitos, han podido acomodarse a un culto frío, abstracto y vago, sin imágenes ni símbolos, culto antiestético, que si se dirige a la razón, deja, en cambio, seca y ayuna la fantasía y priva a una de las más nobles facultades del alma de su necesario alimento. La religión que se dirige a todos los hombres, así al ignorante como al sabio, al que comprende la idea pura y al que solo la ve encarnada en un símbolo, e impera y domina a todo el hombre, así en el entendimiento como en la imaginación y en la voluntad, no podía desdeñar, para el cumplimiento de su misión, el auxilio de las artes, hijas al fin de Dios y reflejos de la suma e increada belleza. Estaba reservado a un emperador bizantino de la decadencia, y más tarde a un Carlostadio, reformista alemán, que sangre germánica y no latina debía tener en las venas el contradictor de las imágenes, romper el feliz concierto y armonía en que el catolicismo educaba todas las potencias espirituales de nuestro ser.

En el siglo VII, un obispo de Marsella, Sereno, quemó y destruyó diversas imágenes que juzgaba peligrosas para la ortodoxia. Pero san Gregorio el Magno, aprobando su celo por la extirpación de la idolatría, no fue de parecer que las imágenes se rompieran, porque, gracias a ellas, el que no sabe leer, ve en las paredes de las iglesias lo que no puede aprender en los libros (epístola 10 del 1.8).

En Oriente, una poderosa reacción contra la herejía de Nestorio había multiplicado las representaciones de la divina Theótocos con el niño en brazos, y un emperador de oriente se propuso extirparlas en los primeros años del siglo VIII. León el Isáurico, que por el trato con judíos y musulmanes, fanáticos enemigos unos y otros de las imágenes, había concebido odio grande a lo que él llamaba iconolatría, vedó por su propia autoridad ciertas prácticas en concepto suyo supersticiosas, excitando con tal muestra de arbitrariedad grandes tumultos en la Iglesia griega. El patriarca de Constantinopla, Germano, se opuso a los edictos imperiales, y León contestó haciendo derribar las imágenes. Levantado en armas el pueblo y ahogada la sublevación en sangre, llevó el Isáurico su fanatismo teológico hasta el extremo de pegar fuego a una especie de universidad anexa a su palacio, pereciendo entre las llamas doce profesores que no opinaban como él y toda una preciosa biblioteca. En varios puntos del imperio estallaron sublevaciones; las islas del archipiélago proclamaron emperador a Cosme. León, cada vez más irritado, proseguía en su tarea de destruir imágenes, sordo a los consejos del papa Gregorio II, que en dos cartas le repetía: No adoramos piedras, ni paredes, ni cuadros, sino por medio de ellos conmemoramos a aquellos santos cuyos nombres y semejanza llevan, levantando así nuestro espíritu torpe y rudo. Delante de una imagen del Salvador decimos: Jesucristo, socórrenos y sálvanos. Delante de una de la Virgen: santa María, ruega a tu Hijo por la salvación de nuestras almas. Delante de la efigie de un mártir: san Esteban, que derramaste tu sangre por Cristo y alcanzas tanta gracia con él, ruega por nosotros. Amenazó el iconoclasta con ir a Roma a derribar las imágenes y traer en cadenas al papa; pero Gregorio III, sucesor del II, anatematizó en 731 al emperador, y los pueblos italianos del exarcado y de la Pentápolis, sujetos a la dominación bizantina, aprovecharon aquella ocasión para sacudir el yugo de un poder lejano y herético. Opusiéronse los papas a los desmanes de ravenates y napolitanos, pero el movimiento popular siguió su camino y sustrajo la Italia y el mundo occidental de la vergonzosa tutela de pedantes coronados. A la sabiduría de los pontífices y a la espada de los francos quedaba reservado el libertar la península transalpina de otra dominación más dura: la de los reyes longobardos.

Pero no narro la historia externa, sino la de las ideas. En 781, imperando Constantino Porfirogenetos, bajo la tutela de su madre Irene, y siendo papa Adriano I, juntóse en Nicea de Bitinia un concilio con asistencia del patriarca de Constantinopla, Tarasio, y de los legados del papa. En él abjuraron de su error tres obispos de los que en un conciliábulo efesino habían condenado las imágenes. En la segunda sesión (actio secunda) leyóse una carta del papa, con citas y testimonios de san Gregorio Niceno, san Basilio el Magno, san Juan Crisóstomo, san Cirilo, san Atanasio, san Ambrosio y san Jerónimo, relativos a las efigies y simulacros. Tarasio y los demás asistentes al sínodo manifestaron conformarse con aquella doctrina. En las sesiones sucesivas se discutieron ampliamente los argumentos iconoclastas, y el concilio dio en estos términos su sentencia: «Unánimemente confesamos querer conservar las tradiciones eclesiásticas, una de las cuales es la veneración de las imágenes. Definimos, pues, que se deben hacer las venerandas y sagradas imágenes (al modo y forma de la veneranda y vivificadora cruz) de colores y madera o de cualquiera otra materia, y que deben ser dedicadas y colocadas en los templos de Dios, así en vasos y vestiduras sagradas como en paredes y tablas, tanto en edificios públicos como en las calles, especialmente las imágenes de nuestro Salvador Jesucristo, de su bendita Madre, de los venerandos ángeles y de todos los santos. Para que los que contemplan estas pinturas vengan por ellas en memoria, recordación y deseo de los prototipos u originales, y les tributen salutación y culto de honor, no de latría, que compete solo a la naturaleza divina, sino semejante al que tributamos a la santa Cruz, a los *Evangelios*, a las reliquias de los mártires... Porque el honor de la imagen recae en el original, y el que adora la efigie adora el prototipo... Si alguno pensare en contrario... o fuere osado a arrancar de las iglesias los códices historiados (*depicti*) de los *Evangelios*, o la figura de la cruz, o las imágenes y pinturas, o las reliquias genuinas y verdaderas de los mártires, sea depuesto, si fuere obispo o clérigo, y separado de la comunión, si monje o laico».[128] El concilio anatematizó al que llamase ídolos a las imágenes o les

---

128 «Fatemur autem unanimiter nos ecclesiasticas traditiones... retinere velle: quarum de numero est imaginum effiguratio... Definimus cum omni diligentia et cura, venerandas et sanctas imagines ad modum et formam venerandae et vivificantis crucis, e coloribus et tesselis, aut alia quavis materia commode paratas dedicandas, et in templis sanctis Dei collocandas habendasque tum in sacris vasis et vestibus, tum in parietibus et tabulis, in aedibus privatis, in viis publicis, maxime autem imaginem Domini et Dei servatoris nostri Iesu Christi, deinde intemeratae Dominae nostrae Deiparae, venerandorum Angelorum et omnium deinde Sanctorum virorum. Quo scilicet per hanc imaginum pictarum inspectionem, omnis qui contemplantur, ad prototyporum memoriam et recordationem et desiderium veniant, illisque salutationem et honorariam adorationem exhibeant: non tamen... veram latriam, quae solum divinae naturae competit, sed quemadmodum typo venerandae et vivificantis crucis, et Sanctis Evangeliis et reliquis sacris obla-

aplicase las palabras de la Sagrada Escritura relativas a los simulacros gentiles; a quien dijese que los cristianos adoraban las imágenes como a dioses; al que comunicase con los iconoclastas; al que no saludase a las imágenes en el nombre de Dios y de sus santos; al que no aceptase las narraciones evangélicas representadas en las pinturas, etc.

En Occidente, donde la ignorancia de la lengua helena era grande y el culto de las imágenes se hallaba menos extendido que en Oriente, encontraron alguna oposición las definiciones de este sínodo. Traducido mal el texto griego relativo al culto de honor ($\pi\rho o\sigma\kappa\acute{\upsilon}\nu\eta\sigma\iota\varsigma$) y de latría que debe tributarse a las imágenes, el concilio de Francfort, ya mencionado al hablar de la herejía adopcionista, entendió que el culto de postración se debía a solo Dios y que las imágenes habían de tenerse en los templos únicamente para histórica recordación y para deleite de los ojos. En tal sentir persistieron casi todos los prelados franceses, entre ellos Agobardo, Jonás Aurelianense, Warnefrido Strabón e Hincmaro de Reims, a pesar de las observaciones del papa Adriano II. Solo en tiempo de Juan VIII se disipó el error, traduciendo con exactitud el bibliotecario Anastasio la definición de Nicea.

No llegaron a España estas alteraciones, pero en ellas tomó parte muy señalada, siendo el único iconoclasta decidido de la Iglesia latina, un célebre español, de cuya vida y escritos vamos a dar noticia.

II. Claudio de Turín. Su herejía. Su Apologético. Impugnaciones de Jonás Aurelianense y Dungalo

Sábese que Claudio era español, pero ninguno de los que han tratado de él fijan el pueblo o comarca de su nacimiento. Parece creíble que hubiese nacido en la *Marca Hispánica*, puesto que fue discípulo de Félix de Urgel, aunque no le siguió en el yerro adopcionista: ni con fundamento puede decirse que aprendiera de aquel obispo la doctrina de las imágenes, por Félix

---

tionibus... reverenter accedimus... Imaginis enim honor in prototypum resultat et qui adorat imaginem, in ea adorat quoque descriptum argumentum... Igitur qui ausi fuerint aliud sentire aut docere, aut quidquam de consecratis in Ecclesia abiicere, Evangelii, inquam, depictum codicem, aut figuram crucis, aut imaginis alicuius picturam, aut reliquias martyrum, quas sciverit esse germanas et veras... si fuerint episcopi aut clerici, deponuntur; si monachi aut laici, communione privantur» (*Actio septima Concil. II Nicaeni*).

no combatidas. Ordenado de presbítero Claudio, y famoso ya por su mérito y doctrina, estuvo algún tiempo en la corte de Ludovico Pío con el cargo de maestro del palacio imperial, según afirman graves escritores.[129] La pericia del español en las Sagradas Escrituras y la ignorancia que de este saber se advertía en Italia, movió a Ludovico a hacer obispo de Turín a Claudio. Consta todo esto por el testimonio de Jonás Aurelianense (de Orleáns) en su refutación del libro de Claudio acerca de las imágenes: *Quo feliciter imperante (Ludovico Pío) idem Felix in quodam discipulo suo nomine Claudio, utpote, ut verbis B. Hieronymi utar, Euphorbus in Pythagora renascitur: qui etsi non fidei catholicae regulam, Ecclestasticas tamen traditiones quam venenatis telis... iaculari nisus est.* Y en otra parte añade: *Quemdam presbyterum, natione Hispanum, nomine Claudium, qui aliquid temporis in palatio suo, in presbyteratus militaverat honore, cui in explicandis Sanctorum Evangeliorum lectionibus quantulacumque notitia inesse videbatur, ut Italicae plebis, quae magna ex Parte a Sanctorum Evangelistarum sensibus procul aberat, sacrae doctrinae consultum foret, Taurinensi praesulem subrogari fecit Ecclesiae.*[130]

Observó Claudio en su diócesis buen número de supersticiones paganas en lo relativo al culto de las imágenes, y deseoso de atajarlas, y arrebatado de un indiscreto celo, comenzó a destruir, romper y quemar cuantas efigies y cruces hallaba en las basílicas, y para aumentar el escándalo de sus diocesanos resucitó el error de Vigilancio, impugnando públicamente la veneración de las reliquias de los mártires.[131]

---

129 Amador de los Ríos, *Historia crítica de la literatura española*, tomo 2, página 265. Tirabschi (*Storia della letteratura ital.* Tomo 3, lib. 3, página 210) escribe... *vissuto qualche tempo a la corte di Lodovico, ove dicesi ch'egli tenesse scuola...*

130 En otro pasaje repite Jonás: «Is exortus ex eadem Hispania, eiusdem Felicis discipulatus ab ineunte aetate, inhaerens per aliquod tempus in Palatio memorati gloriosissimi ac Serenissimi Deoque amabilis Augusti, in officio presbyteratus militavit».

131 «Qui dum gregem sibi conditam pro viribus super intenderet... vidit eum inter caetera quae emendatione digna gerebat, superstitiosae imo perniciosae imaginum adorationi, qua plurimunt nonnulli illarum partium laborant, ex insolita consuetudine deditum esse. Unde immoderato et indiscreto zelo succensus non solum picturas sanctarum rerum gestarum, quae non ad adorandum sed solummodo ad instruendas nescientium mentes in Ecclesiis suis antiquitus fieri permissae sunt,* verum etiam cruces materiales quibus ob honorem et recorda-

Divulgada la herejía de Claudio, amonestóle por cartas a que desistiese de ella el abad Teudemiro, cuyo monasterio ignoramos, aunque Mabillon se inclina a creer que fue la abadía Psalmodiense, en Septimania. Pero el obispo de Turín, lejos de enmendarse, sostuvo su mala doctrina en un tratado larguísimo, tan largo como el *Salterio* de David si le añadiéramos cincuenta *Salmos*, dice Jonás. (*Fertur interea in sigillationem eiusdem abbatis totiusque gallicanae Ecclesiae tantae prolixitatis evomuisse libellum ut magnitudine sua quinquaginta Psalmis Davidicum superaret Psalterium.*) Este escrito no ha llegado a nuestras manos. Solo tenemos un breve extracto, conservado por Jonás en su refutación. Titúlase *Apologeticum atque Rescriptum Claudii Episcopi adversus Theudemirum abbatem.* (Apología y respuesta del obispo Claudio contra el abad Teudemiro.) Empieza en destemplado tono, semejante al de las epístolas de Elipando: «Recibí, por un rústico mensajero, tu carta, con los capítulos adjuntos, obra llena de garrulería y necedad. Allí me anuncias que desde Italia se ha propagado hasta las Galias y fines de España el rumor de haber yo fundado una nueva y anticatólica secta, lo cual es falsísimo... Yo no fundo secta, antes defiendo la unidad y proclamo la verdad, y he atajado, destruido y desarraigado, y no ceso de destruir en cuanto alcanzo, todo género de sectas, cismas, herejías y supersticiones... Vine a Italia, a esta ciudad de Turín, y encontré todas las basílicas llenas de imágenes y de abominaciones. Yo solo comencé a destruir lo que todos los hombres adoraban. Por esto abrieron todos sus bocas para blasfemar de mí, y, a no haberme defendido el Señor, quizá me hubieran devorado vivo».

El grande argumento de Claudio, como de todos los iconoclastas, eran las palabras del *Éxodo*: No harás representación o semejanza de ninguna de las cosas que están en el cielo o en la tierra, lo cual, decía nuestro heterodoxo, no se ha de entender solo de los ídolos extranjeros, sino de las mismas criaturas celestes. En esto olvidaba Claudio (olvido extraño, dada su erudición

tionem redemptionis suae sanctae consuevit uti Ecclesia, a cunctis Parochiae suae Basilicis dicitur delevisse, evertisse et penitus abdicasse... Dicitur etiam Claudium eumdem adversus reliquias Sanctorum... quaedam nefanda dogmatizasse» (Jonás Aurelianense, *De cultu imaginum*).

• Nótese que Jonás seguía la opinión de la iglesia galicana en punto a las imágenes.

bíblica) los dos querubines del propiciatorio. Y proseguía el descaminado obispo taurinense: «Si no adoramos ni reverenciamos las obras de la mano de Dios, ¿por qué hemos de venerar las obras de humanos artífices?».

A estos lugares comunes, nacidos de una inexplicable confusión entre el culto de latría y el de honor, siguen peregrinos argumentos para impugnar la adoración de la santa cruz: «Nada les agrada en nuestro Salvador, dice Claudio, sino lo que agradaba a los judíos: el oprobio de la pasión y la afrenta de la muerte; no aciertan a creer de él sino lo que creían los impíos, hebreos y paganos que niegan su resurrección y le ven solo muerto y crucificado. Si adoramos la cruz porque Cristo padeció en ella, adoremos a las doncellas, porque de una virgen nació Cristo. Adoremos los pesebres, porque fue reclinado en un pesebre. Adoremos los paños viejos, porque, después de muerto, en un paño viejo fue envuelto. Adoremos las naves, porque navegó con frecuencia en ellas y desde una nave enseñó a las turbas y en una nave durmió. Adoremos los asnos, porque en un asno entró en Jerusalén. Adoremos los corderos, porque de él está escrito: Ecce agnus Dei... Adoremos los leones, porque de él está escrito: *Vicit Leo de tribu Iuda... "Risum teneatis!"*».

¡De tan pobre y rastrero modo razonaba uno de los escritores de la Edad media, a quien los protestantes califican de precursores suyos! ¡Ni siquiera comprendía la grandeza inefable del misterio de nuestra redención y con ojos groseros solo miraba en el sagrado leño la afrenta de la cruz, Por mismo que los paganos!

Pero aún no hemos acabado con las raras ilaciones que de la adoración de la cruz saca el iconoclasta de Turín: «Dios mandó que llevásemos la cruz, no que la adorásemos. Y precisamente la adoran los que ni espiritual ni corporalmente quieren llevarla... Adoremos las piedras, porque Cristo, después del descendimiento, fue enterrado en un sepulcro de piedra. Adoremos las espinas y las zarzas, porque el Salvador llevó corona de espinas. Adoremos las cañas, porque en la mano de Jesús pusieron los soldados un cetro de caña. Adoremos las lanzas, porque una lanza hirió el costado del Señor, manando de allí sangre y agua...».

Acusado Claudio de condenar las peregrinaciones a Roma, defiéndese en estos términos: «Ni apruebo ni condeno ese viaje, porque ni aprovecha a todos ni a todos daña... Bien sé que muchos, entendiendo mal aquellas palabras: Tu es Petrus, etc., pospuesta toda espiritual diligencia, creen ganar la vida eterna con ir a Roma... Volved, ¡oh ciegos!, a aquella luz verdadera que ilumina a todo hombre que viene a este mundo... Por no ver esta luz, andáis en tinieblas y no sabéis adónde dirigiros, porque la oscuridad ciega vuestros ojos... No se ha de llamar apostólico al que ocupa la cátedra de los apóstoles, sino a quien cumple el apostólico oficio. Del que obrare en contrario, dice el Señor: En la cátedra de Moisés se sentaron los escribas y los fariseos: guardad y cumplid todo lo que os digan, pero no imitéis sus obras.

El odio contra Roma, mal contenido en estas líneas, nacía en Claudio de la pública desaprobación dada por el Pontífice a su doctrina, pero no llegaba a abierta hostilidad o cisma. La cita del *servate et facite quaecumque dixerint*, verdadera contradicción en boca de Claudio, lo demuestra. El mismo confiesa que Pascual I se había irritado gravemente por aquella herejía: *Dicis quod Dominus Apostolicus indignatus sit mihi. Hoc dixisti de Paschali Ecclesiae Romanae Episcopo, qui praesenti iam caruit vita.* Escribióse, pues, el *Apologético* después del año 824, en que aquel Pontífice pasó a mejor vida.[132]

No hay duda de que en el error iconoclasta y hasta en la manera de defenderle inició Claudio la pseudorreforma luterana. Al decir que «no se habían trocado los ídolos, sino los nombres, y que las imágenes de san Pedro y san Pablo eran tan vanas y poco dignas de reverencia como las de Jove o Saturno», anticipábase el disidente prelado a las audaces y poco embozadas proposiciones que leeremos en el *Diálogo de Mercurio y Carón*, de Juan de Valdés. ¡Triste gloria, en verdad, llevar la piqueta demoledora y el sacrílego martillo a los monumentos del arte cristiano; romper el lazo eterno que Dios puso entre la verdad y la belleza, la idea y la forma, la razón y la fantasía; matar el germen artístico en el corazón de pueblos enteros, como hizo la Reforma!

Claudio fue extremando por momentos su rebelión y se negó a asistir al sínodo de Aquisgrán, llamándole congregación de asnos.[133] Impugnó los

132 Insertamos en el Apéndice todo lo esencial de la Apología de Claudio* que nos conservó en parte Jonás Aurelianense en el tratado que citaré luego.

* La *Apología* no consta en el Apéndice.
133 Véase Dungalo en la obra que cito enseguida.

errores del desatentado obispo un diácono llamado Dungalo, a quien Mabillon no cree francés, sino escocés probablemente.[134] Papirio Masson, que sacó del olvido su libro valiéndose de un manuscrito que poseía Pedro Petau y de una copia de Nicolás Faber, inclínase a creer que el ignoto Dungalo escribió su refutación en la abadía de san Dionisio, cerca del Sena. Ha sido impresa la obra en cuestión con este rótulo: *Liber responsionum adversus Claudii Taurinensis Episcopi Sententias ad Ludovicum imperatorem, eiusque filium Lotharium Augustum*,[135] y fue calificada por su propio autor de ramillete o florilegio de sentencias de los santos padres (*libellum responsiones ex auctoritate ac doctrina sanctorum patrum defloratas et excerptas continentem*). Redúcese a una compilación bien hecha de trozos de la Sagrada Escritura, y de san Paulino de Nola, san Gregorio Niceno, san Jerónimo, san Agustín, san Ambrosio, Venancio Fortunato, Prudencio, Sedulio, san Juan Crisóstomo, san Gregorio el Magno, etc. Dungalo expone la doctrina de las imágenes con más firmeza y claridad que Jonás Aurelianense y otros franceses: «De esta cuestión —dice— se trató ha dos años en presencia de nuestros gloriosos y religiosísimos príncipes, comprobándose y definiéndose, con autoridad de las Escrituras y doctrina y ejemplo de varones sabios y piadosos, con cuánta cautela y discreción han de ser veneradas las imágenes, de suerte que nadie, aunque de rudo y grosero entendimiento, pueda pensar que es lícito tributar honor divino sino al solo Dios, Padre, Hijo y Espíritu santo. Pero nadie, por el contrario, presuma destruir, despreciar o abominar a los ángeles, a los santos, a sus imágenes o a cualquier objeto consagrado a honra y gloria del solo verdadero Dios».[136]

---

134 *Annales Ordinis S. Benedicti Occidentatium Monachorum Patriarchae... Auctore Domno Iohanne Mabillon... Tomus secundus, Lutetiae Parisiorum, sumptibus Caroli Robustae,* 1704 (páginas 508 y siguientes).

135 *Maxima Bibliotheca Veterum Patrum et Anticuorum Scriptorum Ecclesiasticorum, primo quidem a Margarino de la Bigne, in Academia Parisiensi Doctore Sorbonico in lucem edita,* etc. Tomus decimus quartus, continens Scriptores ab anno Christi 800 ad ann. 840 (Lugduni, apud *Anissonios,* 1687) En las Disertaciones de Labbé hay una brevísima noticia de Dungalo.

136 «De hac, igitur, imaginum pictarum ratione, de qua iste in exordio suo proponit Epistolae, inquisitio, diligentius ante, ut reor, biennium, apud gloriosissimos et religiosissimos principes habita est in palatio, ubi divinae scripturae, sanctorum librorum et probatissimorum qui eos scripserunt virorum exemplis atque aucto-

Divide Dungalo su Apología (en que solo se echa de menos alguna precisión de lenguaje cuando el autor habla por cuenta propia) en tres partes, enderezada la primera a rebatir las proposiciones de Claudio acerca de las imágenes; la segunda, a defender la veneración de la santa Cruz, y la tercera, las peregrinaciones a Roma y las reliquias de los santos, que Claudio despreciaba, siguiendo a Eunomio y a Vigilancio.[137]

De una carta de Loup de Ferrilres a Eginhardo parece deducirse que este cronista escribió un libro *De adoranda cruce*, que Nicolás Antonio supone dirigido contra Claudio. No ha llegado tal lucubración a nuestros días, como tampoco la respuesta de Teudemiro al *Apologético* del iconoclasta, que conocemos solo por los fragmentos insertos en la obra de Jonás.

Este obispo de Orleáns fue el más señalado de los contradictores de Claudio. Emprendió su tarea de orden de Ludovico Pío, pero no le puso cima hasta el reinado de Carlos el Calvo, cuando ya el sedicioso pastor de Turín había pasado de esta vida. Tentado estuvo Jonás a dar de mano a su libro, pareciéndole fuera de propósito y aun contra caridad lidiar con muertos; pero advirtiéronle algunos que el error revivía en los discípulos de Claudio, contagiados a la vez de arrianismo, doctrina enseñada en ciertos libros clandestinos que había dejado el maestro en lo más recóndito de su cámara episcopal.[138] De la acusación de arriano aquí fulminada contra Claudio no se encuentra vestigio en otra parte ni sus escritos inducen a tal sospecha.

---

ritate, cum quanta et quali moderatione ac discretione sint habendae imagines, inventum, confirmatum satisque evidenter definitum est, ut nemo post haec, quamvis stolido et obtuso desipiens sit corde, nec Angelis nec hominibus liceat sanctis nec eorum imaginibus nec cuipiam penitus in mundo creaturae excusabiliter divinum possit honorem deferre, nisi soli omnium Creatori, uni Deo Patri et Filio et Spiritui Sancto...» (Dungalo, *Liber responsionum*, etc.).

137 «Adfirmat, enim, reliquias, id est, ossa hominum, quamlibet sanctorum, ossibus pecorum, vel verius lignis et lapidibus aliave quaquam terra non esse reverentiora. Cuius haereseos Eunomius primus extitit auctor. Deinde Vigilantius...» (Dungalo, *Liber responsionum*).

138 «Sed quia ut relatione veridica didici, non modo error de quo agitur in discipulorum suorum mentibus reviviscitur, quin potius (eo dicente) haeresis Ariana pullulare deprehenditur, de qua fertur quaedam monumenta librorum congesisse, et ad simplicitatem et puritatem fidei Catholicae oppugnandam in armario Episcopii sui clandestina calliditate reliquisse...» (Jonás Aurelianense, *De cultu*

Pero Jonás quería justificar a todo trance la divulgación de sus tres tan elaborados libros *De cultu imaginum*, como si no fuera bastante motivo para la defensa de la verdad el persistir de una aberración y la necesidad de precaverla en adelante. Dioles comienzo en rimado y retórico estilo, afirmando una y otra vez, cual cosa manifiesta, que España había producido sabios elocuentísimos e invictísimos propugnadores de la fe católica, pero también, y a la par de ellos, señalados heresiarcas, que con perversos dogmas y varias supersticiones intentaron, aunque en vano, mancillar la pureza de la doctrina.[139] Reciente y no olvidado ejemplo era el de Félix y el arzobispo Elipando; y Jonás, que había viajado por España y llegado a Asturias, no dejó de recordarle, tributando de pasada honorífico testimonio a la ciencia y virtudes de nuestro san Beato, aunque expresamente no le nombra. La digresión relativa a los adopcionistas llévale como por la mano a tratar del discípulo de Félix, Claudio, de quien da las noticias en su lugar transcritas, no sin hacer notar que con sus atropelladas y escandalosas providencias se granjeó aquel obispo la saña de sus diocesanos. Ni se oculta a Jonás la semejanza de Claudio con Vigilancio y Eustacio, de quienes cantó Sedulio:

Ambo errore pares, quamquam diversa secuti;

pues, aunque Claudio en su *Apologético* no parece contradecir la veneración de las reliquias, era cosa sabida que de palabra las impugnaba,[140] y lo confirma Dungalo. Sobre Claudio debían caer, pues, las razones y anatemas

---

imaginum).

139 «Dissertissimos viros et eloquentissimos atque Catholicae et Apostolicae fidei invictissimos defensores Hispaniam protulisse manifestum est... Sed quoniam saepissime et Haeresiarchas simplicitatem Catholicae fidei perversis dogmatibus commaculare conantes et multifariis superstitionibus auctoritati Sanctae Dei Ecclesiae contra euntes creavit, et hactenus creare non cessat, valde fidelibus dolendum est» (Jonás Aurelianense en el citado, tomo 14 de la *Bibliotheca Veterum Patrum*).

140 «Quae licet series litterarum suarum manifeste non indicet, ex his tamen quae innuit, et ex veridica quorumdam fidelium relatione, ita se rem habere liquido claret. Quapropter verisimile videtur huius novitii sanctae Ecclesiae hostis animam, ex duorum animabus priscorum compactam atque uno corpori

de san Jerónimo contra Vigilancio y del concilio Gangrense, contra los despreciadores de las antiguas tradiciones.

Ni eran solo censuras teológicas las que Claudio merecía. Su falta de probidad literaria en aprovecharse a manos llenas, y sin advertirlo, de frases y conceptos de los antiguos Padres, es uno de los argumentos de la grave acusación que Jonás le dirige.[141]

Le acrimina asimismo de mal gramático y escritor descuidado en estilo y construcciones; pero en esta parte, hablando en puridad, no le lleva su impugnador grandes ventajas. Muéstrase, sí, afecto a extrañas pedanterías, citando muy fuera de lugar el *Arte amatoria*, de Ovidio; y a los necios argumentos de Claudio contesta no rara vez con observaciones de esta guisa: «Dices que debemos adorar a los asnos; pero es necesario que los elijas bien, porque los de Italia y Germania tienen malas orejas y por la deformidad y pequeñez de sus cuerpos no son dignos de ser adorados; en cambio, los de tu tierra, por lo gallardo de sus cuerpos y lo desarrollado de sus orejas, atraen a sí los ojos de los espectadores».[142] Esto nos trae a la memoria lo que escribía Don lego de Mendoza en el siglo XVI: «No sé por qué aquel doctorcillo de Aristóteles dijo en sus libros *De animalibus* que no había asnos en Francia, cuando vemos tantos bachilleres como se hacen en París cada año».[143]

No es frecuente este tono de burlas en la apología de Jonás. Por lo general, discurre bien y con seso, aunque desde un punto de vista incom-

indeptam, Vigilantii videlicet et Eustatii qui (ut verbis Sedulii utamur) ambo errore pares, etc. Licet enim in plurimis ab alterutro desciverit, in contemnendis tamen sanctorum Martyrum reliquiis, eorumque sepulchris dehonorandis et nonnullis ecelesiasticis traditionibus reprehendendis unum perversissime senserunt», etc.

141 «Quoniam ab his qui litteraria arte imbuti sunt, vel tenuiter discutiantur (scripta cius) pene nihil in eis reperitur quo ars recte loquendi et scribendi non offendatur, exceptis his quae de aliorum opusculis furtim subripuit, et quibusdam subtractis atque mutatis, compilatoris usus officio.»

142 «Quia ergo asinos adorandos proponis, necesse est ut tales nobis quaeras quales adorari deceat, scis enim quia Italici et Germanici male sunt auriti et ob deformitatem et exiguitatem corporis non merentur adorari. Manifestum est autem quia regionís tuae asini magnorum sunt corporum, magnarum aurium, magna pulchritudine in se oculos intuentium spectabiliter convertunt.»

143 Segunda carta del bachiller de Arcadia.

pleto. En concepto de Jonás, las imágenes de los santos en las pinturas que retrataban sus acciones, debían conservarse solo para ornato e histórica memoria; conforme el obispo de Orleáns, con la mayor parte de los franceses, rechaza el segundo concilio de Nicea por haber definido el punto de la adoración; pero era de parecer que el culto de la cruz debía conservarse. De las imágenes dice en el primer libro: *Picturas sanctarum rerum gestarum, quae non ad adorandum, sed solummodo, teste B. Gregorio, ad instruendas nescientium mentes in Ecclesiis sunt antiquitus fieri permissae... non ut adorentur, sed ut quandam pulchritudinem reddant et quarundam praeteritarum rerum memoriam sensibus imperitorum ingerant, in Ecclesiis depingi. Creaturam vero adorari... nefas dicimus.*

Opiniones muy semejantes sostuvo Agobardo en su tratado De imaginibus, donde, entre otras proposiciones, leemos: «Ley es de la adoración que ninguna criatura, ningún fantasma, ninguna obra humana, ni el Sol naciente, ni el poniente, ni las nubes, ni el fuego, ni los árboles, ni las imágenes sean adorados... Y no repliques que adoras el ser representado en la imagen y no la imagen misma, porque el objeto determina la adoración y con la falacia del honor de los santos nos lleva Satanás a la idolatría. Las imágenes deben ser conservadas por religión y memoria, sin culto ni honor de latría, ni de dulía, ni de otro alguno, porque no nos pueden hacer bien ni mal». Y concluye aconsejando que, para evitar la idolatría, no se pinten imágenes ni se erijan simulacros, porque nada es santo sino el templo de Dios.[144]

Toda esta argumentación de Agobardo descansa, como se ve, en el falso supuesto de que el objeto material o, digámoslo así, próximo, y no el formal o final, determina la adoración, cuando es evidente que el culto de honor tributado por el cristiano a las efigies no termina ni puede terminar en las efigies consideradas como tales, sino con relación a la persona que representan, en lo cual no corren los fieles el peligro de caer en superstición, como suponía Agobardo.

Aunque pueda en algún modo disculparse la mala inteligencia dada por la iglesia galicana a la definición de Nicea, no cabe dudar de la exactitud del hecho. El concilio de Francfort había establecido estas proposiciones,

---

144 *Bibliotheca Veterum Patrum*, tomo 14. El tratado de Agobardo lleva un prefacio de Papirio Masson, que dio a luz la obra por vez primera.

realmente censurables: «Ha de ser adorado un solo Dios sin imagen; ni en la Escritura ni en los Padres está expresa la adoración de las imágenes; deben conservarse para ornamento y deleite de los ojos, no para instruir a los pueblos». El mismo Mabillon[145] confiesa que la palabra adoración fue rechazada en Francia hasta fines del siglo IX, pero niega que Alcuino y Walafrido Strabón prevaricasen en este punto.[146]

La parte más de estimar en la obra del prelado aurelianense es el libro tercero, en que refuta las blasfemias de Claudio contra la santa cruz y reúne y comenta los testimonios de santos padres que recomiendan su culto. «Adoremos (dice con san Juan Damasceno) la figura de la preciosa y vivífica cruz, de cualquiera materia que esté hecha, no venerando, ¡lejos de nosotros tal error!, la materia, sino la forma, el signo de Cristo. Donde esté su signo,

---

145 *Vetera Analecta sive collectio veterum aliquot operum...* (Parisiis, apud Montalant, 1723). En las Anotaciones al prefacio de la exposición de Claudio sobre la epístola *Ad Ephesios.*

146 Claudio de Turín.
   —Iconoclastas.
   Claudius Taurinensis, de Cultu imaginum (fragmenta) et Dungali, *Liber responsionum* (Max. Bibliotheca Tomo 14; Bibliot. Patrum [Coloniae], tomo 9, página 2.ª, página 875 y siguientes).
   Culto de las imágenes:
   «Las imágenes, dice san Gregorio el Magno, son los libros de los que no saben leer; no se les adora, pero se ve en ellas lo que es adorable» (Alzog, III 330).
   Claudio de Turín.
   —Imágenes.
   Doctrina del concilio de Toledo sobre ellas (sess. 25 De invocat., veneratione, etc.):
   «Imagines porro Christi... in templis praesertim habendas et retinendas, eisque debitum honorem et venerationem impertiendam, non quod credatur inesse aliqua in iis divinitas vel virtus, propter quant sint colendae, vel quod ab eis sit aliquid petendum, vel quod fiducia in imaginibus sit figenda, veluti olim fiebat a gentibus quae in idolis spem suam collocabant; sed quoniam honos, qui eis exhibetur, refertur ad prototypa, quae illae repraesentant...»

allí estará él. Si la materia de la cruz se disuelve o pierde la forma, no debe ser adorada.»[147]

Con solidez demuestra asimismo Jonás, apoyado en san Jerónimo, que las reliquias y sepulcros de los mártires deben ser venerados, porque su muerte es preciosa delante del Señor. El tercer libro del *Apologético*, de Jonás, versa sobre las peregrinaciones a Roma: *De peregrinationibus in urbem conceptis*.

Parece que Walafrido Strabón escribió también contra Claudio. La fecha de la muerte de éste no puede determinarse con exactitud, pero de un documento citado por Ughelli en la *Italia Sacra* resulta que aún vivía en 839.[148]

---

147 Purificación de los templos gentiles.

Epístolas de san Gregorio Magno a san Agustín, apóstol de Inglaterra (epístola I, 11, n.º 28 y siguientes, Opp. edición Benedición, tomo 2, página 1109 y siguientes), y a Melito, obispo de Londres (*Op*. II, página 1176): «Dicite (Augustino) quid diu mecum de causa Anglorum cogitans tractari: videlicet quia fana idolorum destrui in eadem gente minime debeant, sed ipsa quae in eis sunt idola destruantur. Aqua benedicta fiat, in eisdem fanis aspergatur, altaria construantur, reliquiae ponantur; quia si fana eadem bene constructa sunt, necesse est ut a cultu daemonum in obsequium veri Dei debeant mutari».

148 Claudio de Turín.
—Iconoclastas.

«Los germanos no se prosternaban, como los orientales, ante sus reyes, ni se inclinaban más que ante su Dios, y así ni siquiera llegaron a comprender bien lo que significaba la palabra proscunesis; en boca de los orientales, proscunein, adorar, es prosternarse delante del rey manifestándole el respeto y temor que le son debidos.»

El papa Adriano envió una copia latina muy defectuosa de las actas del segundo concilio de Nicea a Carlomagno, que la sujetó al juicio de muchos teólogos. Los libros carolinos nos manifiestan que éstos censuraron minuciosamente aquellas actas e hicieron acerca de ellas muchas prevenciones. Una traducción errónea de las mismas* atribuía al concilio esta herejía, que es ya una blasfemia: «Venero las imágenes como adoro la Santa trinidad», mientras que el decreto del concilio decía precisamente lo contrario. Fundándose, sin embargo, en este error se pronunció contra el culto de las imágenes un numeroso concilio reunido en Francfort el año 794. Otro concilio celebrado en París el año 825, concilio que promovieron Claudio, obispo de Turín, y las embajadas que envió el emperador Miguel a Luis el Pío, rechazó las decisiones de Nicea y acusó al papa Adriano de estar favoreciendo la pretendida superstición de los griegos. Sorprendió tanto más esta acusación cuanto que el redactor de los libros carolinos, a pesar de

III. Otros escritos de Claudio

Aparte de la triste, si ruidosa, fama que le dieron sus errores, fue Claudio, para lo que en su tiempo se acostumbraba, escritor docto y prolífico y digno de buena memoria entre los nuestros.

Comencemos por apartar hasta la menor sospecha de que estas obras puedan pertenecer a un Claudio Clemente, escocés, amigo y compañero de Alcuino. Los libros mismos manifiestan lo contrario. El primero y más

---

la ironía con que atacaba a los orientales y la corte de Bizancio, se vio obligado a reconocer que no estaba prohibido servirse de imágenes, sino el adorarlas (adorare); que no era preciso apartar con desprecio los ojos de las que servían para el adorno de las iglesias y la edificación de los fieles, sino separarse de toda honra supersticiosa.** Luego que el papa Adriano estuvo informado de lo que pasaba, rehusó los libros carolinos y se declaró abiertamente por el culto de las imágenes, apoyándose en nuevas noticias, sacadas, en parte, de las consideraciones de san Gregorio el Magno, consideraciones con las que pretendían también escudarse los contrarios. Las opiniones sofísticas de Claudio de Turín y de Agobardo, obispo de Lyón, fueron combatidas por Jonás, obispo de Orleáns,* ** y más victoriosamente todavía por el monje irlandés Dungal de san Dionisio, y más tarde por Walafrido Strabón e Hincmaro, obispo de Reims, hombres todos que prepararon el triunfo definitivo de la verdad, demostrando la futilidad de las objeciones hechas al concilio de Nicea.

---

* Se leía en él: «Suspicio venerandas imagines, et quae secundum servitium adorationis, quae substantiali et vivificae Trinitati emitto», mientras que en la traducción de Anastasio se lee: «Suspicio et amplector venerabiles imagines; adorationem autem quae fit secundum Latriam tantummodo supersubstantiali et vivificae Trinitati conservo».

** Es preciso fijar, sobre todo, la atención en el siguiente pasaje de los libros carolinos: «Permittimus imagines sanctorum, quicumque eas formare voluerint, tamin ecclesia quam extra ecclesiam, propter amorem Dei et sanctorum eius; adorare vero eas nequaquam cogimus, qui noluerint: frangere vero vel destruere eas etiansi quis voluerit, non permittimus» (ad act. Ivsub fine).

*** *Ionae de cultura imaginum* lib. III (Max. Bibl. Tomo 14, página 167, y Bibliotheca Patrum, tomo 9, páginas 99 y siguientes) *Agobardi Liber contra eorum superstitionem qui picturis et imaginibus sanctorum obsequium deferendum putant* (Opp. ed. Masson París 1605; castigatius S. Baluz, París 1666, 2 tomos, fol. Galland, Bibl., tomo 13).

conocido de todos puede leerse en la *Bibliotheca Veterum Patrum*[149] con el título de *Claudii Taurinensis Episcopi in Epistolam D. Pauli ad Galatas doctissima enarratio*, y está dedicado el abad Druntherano, que en concepto de Mabillon pudo ser el mismo que Dortrann (*abbas Calmeliacensis in pago Aniciensi*) o Dructerann (*abbas Sollemniacensis in pago Lemovicensi*).[150] Pedro Pesseliero descubrió en la abadía altissidoriense el manuscrito de esta exposición y la dio a conocer en 1524.[151]

El prefacio dirigido por el pecador Claudio (*Claudius peccator*) al abad Dructerano indica los propósitos del obispo taurinense y da alguna idea del método seguido en sus exposiciones: «Ya hace más de tres años que, hallándome en el palacio del entonces rey Ludovico, hoy emperador, me exhortaste más de una vez a que mostrara algún fruto de mi labor en las epístolas del maestro de las gentes, el apóstol san Pablo. Pero, envuelto yo en los trabajos y torbellinos del mundo, no pude acceder a tu ruego hasta que en la presente Cuaresma compilé de los tratados de san Agustín y san Jerónimo un comentario a la epístola *Ad Galatas*; y, notando que faltaban muchas cosas, suplí en parte la omisión con sentencias tomadas de otros libros de san Agustín, y aun me atreví a intercalar algunas frases mías para enlazar ambas exposiciones y ejercitar el entendimiento y evitar el fastidio de los leyentes». Promete comentarios a las demás epístolas, trabajados por el mismo método.[152] A esta dedicatoria siguen dos argumentos, y luego la exégesis o explicación de cada capítulo párrafo por párrafo.

---

149 Tomo 14, página 139 de la edición lugdunense.

150 *Annales Ordinis S. Benedicti... Tomus secundus*, 1704 (páginas 418 y siguientes).

151 Véase la epístola dedicatoria a Luis de Lorena, abad de dicho monasterio.

152 «Domino piissimo et in Christo summo mihi honore singulariter excolendo Dructherano abbati, Claudius peccator. Tres, ni fallor, et eo amplius, iam pertranseunt anni quod me adhuc in Alvenni cespitis arvo, in palatio Pii principis D. Ludovici, tunc regis, modo imperatoris, detentum socordia sensus mei, tua fervida dilectione adorsus excitare, ut aliquem fructuosum laborem in epistolis Magistri Gentium, adsumerem, Apostoli Pauli. Sed quia laboribus et turbinibus mundi depressus hactenus parere iussioni tuae nequivi, modo largiente Deo in isto quadragesimae tempore epistolam beati iam dicti Pauli ad Galatas ex tractatibus beatorum Augustini et Hieronymi Patrum permixtis procuravi ordinare sententiis», etc., etc.

Basta la lectura del pasaje transcrilto para entender que el Claudio residente en la corte de Ludovico Pío fue el español y no el escocés. Felipe Labbé duda hasta de la existencia de Claudio Clemente.[153]

El prefacio de Claudio a su exposición In epistolam, *Ad Ephesios* fue publicado íntegro por Mabillon en sus *Vetera Analecta*.[154] Son muy de notar estos lugares: «Como en nuestro tiempo han decaído tanto los estudios y apenas se halla nadie dispuesto no ya a escribir de materias nuevas, sino a leer lo que escribieron nuestros mayores, obra grande me pide vuestra imperial potestad (la de Ludovico Pío, a quien el libro va dedicado) al decirme que de los tratados de los Padres forme una exposición a las epístolas del apóstol san Pablo. Semejante al mendigo, que no tiene cosecha propia y, yendo detrás de los segadores, recoge las espigas, he comentado con sentencias de otros las epístolas a los Efesios y a los Filipenses... El año pasado trabajé mucho en la epístola *Ad Galatas*... Sobre las demás tengo extractos, pero falta mucho todavía. Pues el año presente, por mal de mis pecados, vivo en continua angustia y no puedo escudriñar las Sagradas Escrituras».[155] ¿Aludirá con esto Claudio a los disgustos que le ocasionaba su herejía?

---

153 Philippi Labbé, *Societatis Iesu, Dissertationes in Bellarminum*, tomo, lib. Niega que Claudio fuera benedictino ni tuviese parte en la fundación de la Universidad de París, como algunos afirmaron.

154 *Vetera Analecta sive collectio veterum aliquot operum* et opusculorum omnis generis, Carminum, Epistolarum, Diplomatum, Epitaphiorum, etc., cum... aliquot disquisitionibus R. P. D. Ioannis Mabillon... (Parisiis 1723).

155 «Cum nostris temporibus, tepescentibus studiis, rarus quisque inveniatur quotidiana intentione promptissimus, non solum ad disserendum quae indiscussa sunt, sed etiam ad legendum quae iam a maioribus disserta sunt, mirum a me opus tanta ac tam sublimis vestra exigit imperialis potestas, cum epistolas magistri gentium Apostoli Pauli ex tractatibus maiorum nostrorum disserere iubet... Circa socordiam sensus mei, epistolas beati iam dicti Apostoli Pauli *Ad Ephesios* atque *Ad Philippenses*, non tam ex maiorum tractatibus quam ex diversorum tractatuum sententiis, veluti mendicus non habens propriam segetem, sed post terga metentium, ex aliorum segete congregat sibi victum, ita et ego ex aliorum dictis has brevi stylo comprehendi epistolas... Epistolam Apostoli ad Galatas in qua anno praeterito... studiosissime laboravi... De caeteris vero epis-

El cardenal Angelo Mai, en el tomo 9 del *Spicilegium Romanum*,[156] dio a conocer la exposición de Claudio a la epístola Ad Philemonem. No tiene prólogo ni dedicatoria y en sustancia está tomada de san Jerónimo, como advierte Mai, el cual pensó publicar los demás comentarios de Claudio, pero desistió de tal idea notando su escasa originalidad, en que ya repararon Ricardo Simón[157] y Trombellio.

En la Biblioteca Vaticana (códice 5775 del antiguo fondo) se conserva un manuscrito del siglo IX que contiene el tratado de Claudio sobre las dos epístolas *Ad Corinthios*, precedido de una dedicatoria al abad Teudemiro (*Venerabili in Christo sinceraque charitate diligendo Theudemiro abbati*). Procede este manuscrito de la abadía de san Columbano de Bovio y fue mandado escribir en el año 862 por el obispo Teodulfo, distinto del de Orleáns,[158] según resulta de una epístola del mismo que va en el códice.

Así de éstas como de las restantes exposiciones de Claudio a las epístolas de san Pablo he visto numerosos códices en diferentes bibliotecas. La Nacional de París posee tres, señalados con los números 2392, 93 y 94 del catálogo latino.

Ni fueron solo éstos los trabajos escriturarios de Claudio. Trithemio (*De scriptoribus ecclesiasticis*) le atribuye exposiciones al *Pentateuco*, al *Libro de Josué*, al de los jueces y al de *Rut*. Labbé manifestó[159] tener copia del prefacio y epílogo del comentario al *Levítico*. Mabillon publicó ambas piezas íntegras en su *Analecta Vetera*.[160] El *Praefatio in libros informationum litterae*

---

tolis, licet plurima penes me teneantur excerpta, multa tamen adhuc supersunt perquirenda. Sed quia me anno praesenti praepedientibus peccatis meis graviter obligastis, et nimiis anxietatibus deditus rnihi vivere non libet neque Scripturas perscrutari licet.»

156 *Spicilegium Romanum*, tomo 9 (1843), páginas 109 y siguientes.

157 *Historia critica novi Testamenti.*

158 «Actum est anno ab incarnatione Domini Iesu Christi septingentesimo sexagesimo secundo, indictione decima.» Este códice fue ya examinado por Nicolás Antonio.

159 *De scriptoribus ecclesiasticis*, tomo 1, página 208. Novae Bibliotheca Specimen, página 1.ª, página 24.

160 Página 90.

et spiritus super Leviticum ad Theudemirum abbatem comienza así:[161] «Hace dos años te envié cuatro libros de exposición de la letra y espíritu del *Éxodo*, continuando el trabajo que empecé por el *Génesis* ha más de ocho años. Si hasta ahora no he cumplido tu voluntad, ha sido por el triste estado de la república y la perversión de los hombres malos. Ambas cosas me atormentan tanto, que me pesa el vivir; y como las alas de la virtud se me han debilitado, no puedo ir a la soledad donde al fin descanse y diga al Señor: *Dimitte me, ut plangam paululum dolorem meum*». Se disculpa de no haber seguido el ejemplo de Beda en poner separadas las sentencias de cada doctor, entretejidas en su exposición y acaba con esta fecha: «Comenzóse bajo los auspicios de la divina piedad esta obra el día séptimo antes de las idus de marzo del año de nuestra salvación 823».[162] El comentario al *Génesis* se escribió, por consiguiente, en 815, y el del *Éxodo* en 821.

Si alguno dudare que el iconoclasta Claudio es el verdadero autor de ésta y las demás exposiciones mencionadas, pare la atención en este pasaje del epílogo: «No debemos imitar a las criaturas, sino al Creador, para hacernos santos... Nadie se hace santo con la beatitud de otro hombre... Debemos honrar a los muertos con la imitación, no con el culto... Por defender esta verdad me he hecho oprobio de mis vecinos y escándalo de mis allegados... Cuantos me ven se ríen entre sí y me muestran con el dedo».[163] Mabillon, en

---

161 «Biennium est quod tibi direxi informationum et expositionum litterae et spititus in Exodo libros quatuor, quibus principium est post expositionem libri Geneseos, unde ante hos octo annos ex dictis Sanctorum Patrum de littera et spiritu tres edidi libros... Quod vero iussioni tuae hactenus parere nequivi, non fuit pigritia... sed Reipublicae infestatio dira et malorum hominum nimia perversitas. Quae duae res me in tantum cruciant ut mihi iam sit taedium vivere, debilitatusque pennis virtutum non valeo in solitudinem fugere, ubi aliquando requiescam, et dicam Deo: "Dimitte me, ut plangam paululum dolorem meum..."».

162 «Agrediamur igitur hoc opus annuente pietate divina, quadragesimae tempore, sub die septima Idus Martii, anno Incarnationis DCCCXXIII.»

163 «Non iubemur ad creaturam tendere, ut efficiamur beati, sed ad ipsum Creatorem... Beatitudine autem alterius hominis non fit alter beatus... Et ideo non sit nobis religio cultus hominum mortuorum... Hanc adstruendo et defendendo veritatem, opprobrium factus sum vicinis meis et timor notis meis, in tantum ut qui videbant nos non solum deridebant sed etiam digito unus alteri ostendebant.»

las *Anotaciones* a estos dos rasgos, dice haber visto en la abadía de Reims la exposición de Claudio al *Levítico*.

No se conservan, que yo sepa, los demás comentarios a los libros del *Pentateuco*; pero en la Biblioteca Nacional de París, códice 2391, están las explanaciones a *Josué* y al *Libro de los Jueces*.

Formó además Claudio una verdadera *Cathena Patrum* sobre san Mateo.[164] El prefacio, que es curioso, fue estampado por Mabillon en el apéndice número 41 de sus *Annales Ordi nis S. Benedicti* (tomo 2), con presencia de un códice de la catedral de Laudun. Dedúcese de este documento que Claudio emprendió su tarea el año 815, reuniendo y compilando pasajes de Orígenes, san Hilario, san Ambrosio, san Jerónimo, san Rufino, san Juan Crigóstomo, san León el Magno, san Gregorio y Beda; pero sobre todo de san Agustín, no sin añadir algunas cosas de su propio ingenio. Pide indulgencia para sus defectos, habida consideración a estar casi ciego y muy aquejado de dolencias.[165]

---

164 Claudio de Turín:

Entre las fuentes inmediatas del comentario de Rabano Mauro sobre el Evangelio de san Mateo, se encuentra, además de los escritos de san Jerónimo, la obra de Claudio, obispo de Turín (839; Migne, Pl. Tomo 104).

El paralelismo entre los textos exegéticos de estos dos contemporáneos indica que el uno halo tomado del otro, y el imitador, en este caso, fue el abad de Fulda; pero utilizó los comentarios de Claudio de una manera bastante libre y no sin crítica.

Véase Schönbach, Ueber einige Evangelienkommentare des Mittelalters (en el tomo 145 de los *Sitzungsberichte* de la Academia Imperial de Viena, clase de filosofía, 1903).

165 «Anno DCCCXV incarnationis, postquam plus ac mitissimus princeps Sanctae Dei Ecclesiae Catholicae filius Ludovicus anno secundo imperii sui, coelesti fulctus auxilio adversus barbaras nationes movisset exercitum... teque abeunte et discedente... ex palatio iam dicti principis ad tuum dilectumque, ubi semper, tui monasterii portum... iniunxisti mihi ut aliquod dignum memoria opusculum, in expositione Evangelii ad legendum dirigerent tratribus monasterii vestri... Scias me continuo studii mei dirigere voluntatem, et Evangelium secundum Matthaeum ex opusculis SS. Patrum, licet nonnullorum quam difficile sit nancisci opera, ut valuit, inquirere et explanare conatus sum exercitationibus doctrinae et virorum qui nos in studio adiuvarunt, qui ut scientia, ita tempore praeceserunt, scilicet, Origenis, Hilarii, Ambrosii, Hieronymi, Augustini, Ruffini, Ioannis Chrysostomi,

Angelo Mai, en el tomo 4 del *Spicilegium*, dio como inédita la prefación antedicha, sin mencionar a Mabillon, pero citando los fragmentos publicados por Baronio en los *Anales*, y por Usher en las *Hibernicae Epistolae*.

Tomás Dempstero[166] atribuye a Claudio, a quien él supone escocés, otras obras, entre ellas catorce libros De concordia evangelistarum, de cuya existencia dudo mucho, un *Memoriale historiarum* (quizá no distinto del *Chronicon* que cito enseguida) y unas Homilías, que serán, sin género de duda, las que se guardan en el códice 740 de la Biblioteca Nacional de París.[167]

Finalmente, Labbé, en su Nova Bibliotheca Manuscriptorum, estampó una *Brevis Chronica*, escrita en 814 por Claudio el Cronólogo, no distinto, en sentir del editor, de Claudio de Turín. Esta cronología, que tiene poco o ningún interés, como no sea el de ajustarse a la verdad hebraica (*iuxta*

Leonis Maximi, Gregorii et Bedae. Sed sicut nostri capitis super omnia membra, lingua plus membribus omnibus sonat, etiam ad sacrosanctum Evangelium in hos omnes excellentius tonat beatissimus Augustinus. Multis etiam in locis, ubi defuit sensus vel verba, hoc, utcumque valuit, explere studuit mea paupertas... Quod vero quaedam minus ordinata quam decet in hoc codice multa reperiuntur, non omnia tribuas imperitiae, sed quaedam propter paupertatem, quaedam ignosce propter corporis imbecillitatem et meorum oculorum infirmitatem.»

166 *Historia Ecclesiastica Scotorum*, cap. 304.

167 En este tomo de Homilías varias hay las siguientes de Claudio:

Fol. 95: Dicta Beati Claudii episcopi... (Sobre la adoración de los Magos, texto de san Mateo.)

Fol. 100: Dicta Sancti Claudii... (Sobre la huida a Egipto, texto de san Mateo.)

Fol. 102: Dicta Claudii... (Sobre la vuelta a Israel, según san Mateo.)

Fol. 113v.º Sobre el texto: Ascendente Iesu in navicula.

Fol. 115v.º Sobre el texto: In illo tempore respondens Iesus dixit.

Fol. 130. Sobre el texto: Simile regnum coelorum homini patrifamilias.

Fol. 132v.º Sobre el texto: Exiit seminans seminare...

Fol. 138v.º Sobre la tentación en el desierto.

Fol. 142. Sobre el texto: Secessit in partes Tyri et Sydonis.

Fol. 143v.º Sobre el demonio mudo.

Fol. 154. Sobre el texto: Sciatis quia post biduum Pascha fiet.

Esta homilía de la pasión es larguísima. Llega hasta el, fol. 175 V.

Es extraño que se llame beatus y sanctus a Claudio en este códice.

Hebraicam Sacrorum Codicum veritatem), está incompleta y tiene, además, una laguna hacia la mitad del texto.[168]

De apetecer sería que algún docto español coleccionase las obras inéditas y dispersas del obispo taurinense, pues, aunque no luzcan por la originalidad, cosa imposible en un siglo de ciencia compilatoria como fue el IX, pesan y significan mucho en la relación histórica y contribuyeron a iluminar con los rayos de la ciencia cristiana aquellas tinieblas. El pensamiento de reunir y concordar sistemáticamente las sentencias de los Padres pone a Claudio en honroso lugar entre los sucesores de Tajón, entre los que dieron y prepararon materiales para el futuro movimiento teológico. Claudio compila, como Alcuino y Beda; vulgariza el conocimiento de las Escrituras y su más fácil inteligencia; no es artífice, pero sí diligente obrero y colector de materiales. No merece gloria, sino profundo agradecimiento, como todos los que conservaron viva la llama del saber latino en medio de aquella barbarie germánica.

Por lo que hace a su herejía, fundamento principal del renombre que alcanza, ni en España, donde jamás penetró esa doctrina, ni en Italia logró hacer prosélitos. ¡Desdichados de nosotros si tal hubiese acontecido! Ni Frà Angélico ni Rafael hubieran dado celestial expresión a sus madonas ni nos postraríamos hoy ante las vírgenes de Murillo. ¡Ay del arte donde la religión se hace iconoclasta!

¿Puede contarse a Claudio de Turín entre los precursores del protestantismo? Unos escritores lo afirman, otros lo niegan.[169] En realidad, los yerros de nuestro doctor se circunscribieron a un punto solo, y mal hubieran podido entenderse con él los corifeos de la Reforma en la materia de la justificación sin las obras y en otras semejantes. Mas, si protestante llamamos a todo el

---

168 Novae Bibliothecae Manuscriptorum librorum. Tomus primus. Historias, Chronicas, Sanctorum Sanctarumque vitas, etc. Opera et studio Philippi Labbé Biturioi Soc. Iesu Presbyteri... (Parisiis, apud Sebastianum Cramoisy... 1657), páginas 309 y siguientes.

169 De los primeros es Ampère, en su *Histoire littéraire de la France sous Charlemagne*, donde elogia mucho a Claudio. De los segundos, César Cantú, que le dedica un breve párrafo en sus *Heretici d'Italia*, tomo 1 disc. 4, página 76. Véanse, además de los autores hasta aquí citados, Nicolás Antonio, *Bibliotheca Vetus*; la *Histoire littéraire de la France*, de los Maurinos, y el *Ensayo apologético*, de Lampillas.

que en poco o en mucho ha disentido de la doctrina ortodoxa, no hay duda que Claudio lo hacía, aunque no negaba el principio de autoridad ni era partidario teórico del individual examen.[170]

IV. Vindicación de Prudencio Galindo. Su controversia con Escoto Erígena

A nuestro siglo estaba reservado el sacar del olvido, y poner quizá en predicamento superior al que merece, la memoria del audaz panteísta irlandés que en siglo IX y en la corte carolingia resucitó la doctrina de Proclo y de los últimos alejandrinos. La curiosidad y aun la afición que despierta aquel ingenio singular y extraviado, sin discípulos ni secuaces, no debe hacernos olvidar la gloria que refutándole lograron al unos valientes propugnadores de la ortodoxia, entre todos los cuales descuella el español Prudencio Galindo o Galindón, venerado como santo en la diócesis de Troyes, de donde fue obispo. Como alguien ha acusado de heterodoxia a este eximio doctor, conviene que yo tome aquí su defensa, escribiendo acerca de él breves líneas, aunque es personaje de tal importancia, que su vida y sus escritos están reclamando una especial y no corta monografía.

Prudencio Galindo era uno de esos sabios españoles atraídos a las Galias por la munificencia carolingia. Su patria dícela él mismo:

Hesperia genitus: Celtas deductos et altus.

Su nombre era Galindo, lo cual pudiera inducir a suponerle aragonés; pero lo trocó por el de Prudencio, quizás en memoria del gran poeta cristiano, celtíbero como él. Sábese que nuestro Galindo tenía un hermano obispo en España.

De la virtud y la ciencia del personaje de quien escribo dan testimonio todos sus contemporáneos. El autor de los *Anales bertinianos*[171] llámale *apprime litteris eruditum virum*. Loup de Ferrières le elogia en varios lugares.

---

170 Claudio de Turín.
   Maxim. Bibliotheca Pat. Tomo 14, páginas 139 y siguientes; Mabullon, *Vetera Analecta*, página 90; Rudelbach, Claudii inedición Opp. Specimina (Hannover 1824).
171 En *Historiae Francorum Scriptores* de Duchesne, tomo 3.

El biógrafo del abad Frodoberto[172] apellida al obispo de Troyes *pontificalis vitae institutione clarissimus in divinus rebus undecumque non mediocriter eruditus*. Todavía en el siglo XVII, un erudito humanista, amante hasta el entusiasmo de todas las cosas de España, Gaspar Barthio, declaróle príncipe de todos los literatos de su tiempo (*sui saeculi litteratorum facile principem*), varón de sumo juicio y muy sabedor de la antigüedad (*cordatum et scientem antiquitatis*).[173]

Sucedió Prudencio en la silla episcopal de Troyes a Adalberto antes del año 847, en que suena ya su nombre en un privilegio otorgado por el concilio de París. En 849 asistió a un sínodo celebrado en la misma ciudad, y no en Tours, como algunos han supuesto.[174] En 853 concurrió al de Soissons (II), en que los clérigos de la diócesis de Reims le escogieron por árbitro de sus disidencias. Carlos el Calvo le comisionó, así como a Loup, abad de Ferrières, para restablecer el orden en varios monasterios.[175]

Fuera de estos hechos y de los importantes que narraré luego, no consta otro dato biográfico de Prudencio. Solo sabemos que gobernó con prudencia y santidad su diócesis hasta el 6 de abril de 861, en que paso a mejor vida.[176] En la diócesis de Troyes se le tributa culto desde el siglo XIII por lo menos.

El grande y capital suceso de la vida de Prudencio es la controversia sobre la predestinación, en que tomó parte muy activa. Los hechos, fielmente narrados, acontecieron como sigue:

Defendía por estos tiempos la doctrina de san Agustín acerca de las relaciones entre el libre albedrío y la gracia, un monje de Orbais, en la diócesis de Soissons, llamado Godescalco (*Gothescalk*).[177] Quizá por extremado en sus

---

172 Citado por Gaspar Barthio en *Adversariorum*, lib. 18, cap. 11.

173 Véase *Adversariorum*, lib. 44 y, lib. 18, cap. 11.

174 Tomo 8 de la *Colección de Concilios* de Labbé, cols. 58 y 61 (París 1671).

175 Véase epístola 63 de las de Loup.

176 Véase la *Vida de Prudentio Galindo*, escrita por el abate Breyer (París 1625, por François Rautin, y su *Défense de l'Eglise de Troyes sur le culte qu'elle rend à S. Prudence* (París 1736, por Charles Osmont).

177 Gothescalcus, ex metropolis Ecclesiae Rhemorum monasterio quod Orbacis dicitur, habitu monachus, riente ferinus, quietis impatiens el inter suos mobilitate noxia singularis, dice Hincmaro.
Véase además en Labbé (tomo 8, página 52) la epístola sinodal con que Rabano envió a Hincmaro la persona de Godescalco.

opiniones o por falta de precisión en sus frases, encendió grave disputa entre los teólogos, levantando contra él a Rabano Mauro, arzobispo de Maguncia, y al obispo de Reims, Hincmaro. El concilio Maguntino II, presidido por Rabano, condenó la opinión de Godescalco en 848. Lo mismo hicieron los obispos de la Galia bélgica, en el concilio de Kiersy (*apud Carisiacum Palatium*), a orillas del Oise, donde Godescalco fue depuesto de la dignidad sacerdotal y azotado con varas. Hincmaro persiguió y tuvo recluso por siete años a Godescalco, que en la prisión compuso versos bastante malos, aunque sentidos.[178]

Sostenía Hincmaro que Godescalco había caído en la herejía por él llamada de los predestinacionistas, cuyos capítulos de condenación eran éstos: «I. Dios ha predestinado a unos a la vida, y a otros, a la muerte eterna. II. Dios no quiere que todos los hombres se salven, sino aquellos que Él predestinó para la vida eterna. III. Dios no murió por todos los hombres, sino por aquellos que han de salvarse. IV. La Divinidad es triple».

Contra estas herejías, por él libremente fantaseadas y puestas en cabeza de sus adversarios, escribió Hincmaro su libro *De praedestinatione Dei et libero arbitrio*, enderezado a: Carlos el Calvo.[179] Y allí sonó por primera vez la acusación de herejía contra Prudencio.

Consultado éste por Hincmaro en 849, no solo le había exhortado a la clemencia con Godescalco, sino que, tomando abiertamente su defensa, formó una colección de pasajes de los santos padres concernientes a la doble predestinación, y presentó este escrito al concilio de París de 849, dirigiéndole luego a Hincmaro de Reims y a Pardulo de Laón, enemigos de Godescalco. Divídese este escrito en trece capítulos y comienza con un elogio de la doctrina de san Agustín, que es pura y sencillamente la que Prudencio sigue. Trata no solo de la predestinación, sino del beneficio de Cristo y de la vocación de las gentes, puntos enlazados con el primero, y comprueba los tres con autoridades de la Escritura y extractos de varias obras de san Agustín contra los pelagianos, del libro *De praedestinatione*, de san Fulgencio de Ruspe, de los *Morales*, de san Gregorio; de las respuestas de san Próspero

---

178 Véase sobre estos hechos la epístola de Rabano Mauro a Hincmaro y la de éste al papa Nicolás I.

179 Véase entre las *Obras* de Hincmaro publicadas por Jacobo Sirmond.

(el autor del poema *Contra los ingratos*) *Ad capitula Gallorum*, de la exposición de Casiodoro a los *Salmos* y de diferentes tratados del Venerable Beda. Jacobo Sirmond sacó de la oscuridad este opúsculo de Prudencio, que se conservaba en la abadía de san Arnould, en Metz. Maguino, en las *Vindiciae de Praedestinatione* (1650), imprimió el prefacio. El padre Cellot dio a conocer toda la obra en su *Historia de Godescalco*.[180]

Hincmaro remitió a Rabano Mauro el libro de Prudencio, y el arzobispo de Maguncia contestó en una acre censura, donde parece confundir la predestinación con la presciencia y acusa al obispo de Troyes de suponer a Dios autor del pecado.[181] Para probar la inanidad de esta aseveración, basta recordar estas palabras, en que Prudencio, siguiendo a san Agustín y a san Fulgencio, condensa su doctrina: Predestinó Dios, esto es, preordenó a los hombres, no para que pecaran, sino para que padeciesen eternas penas por el pecado; predestinólos, digo, no a la culpa, sino a la pena. Con lo cual deja a salvo la libertad humana, de cuya elección procede el mal. Quizá insistió Prudencio en esta parte por no caer, al modo de Escoto Erígena, en el error de origenistas, y negar la pena como distinta del pecado.

La cuestión iba creciendo y comenzaba a dividir la iglesia francesa. Nuevos campeones saltaron a la liza. Enfrente de Rabano, Hincmaro y Pardulo, aparecieron como defensores de Prudencio los dos Lupos (Servato y el de Ferrières), el monje Ratramno, san Amolo y su sucesor san Remigio, arzobispo de Lyón, y con ellos el diácono Floro y toda la Iglesia lugdunense. El concilio de Valencia del Ródano y el de Toul (*Lingonense*), celebrados en 855, declararon inocente a Godescalco y proclamaron la doble predestinación.

Mientras estas cosas sucedían, Carlos el Calvo invitó a tomar parte en la cuestión al maestro palatino Juan Escoto Erígena, lo cual fue echar leña al fuego y levantar tremenda llamarada de herejía.

Escoto Erígena[182] procedía de aquellas famosas escuelas de Irlanda, donde se conservaba algo de la tradición antigua, de la misma suerte que

---

180 Puede leerse el libro de Prudencio en el tomo 14 de la *Bibliotheca Veterum Patrum*, edición lugdunense), que es la que siempre sigo.

181 *Epistola ad Hincmarum.*

182 Esto es, oriundo o natural de Irlanda. (Erin en la antigua lengua de aquella tierra.)

en nuestras escuelas isidorianas. De allí había salido san Columbano para fundar abadías y derribar los ídolos de Germania; de allí vino numerosa falange de gramáticos y teólogos al llamamiento de Carlomagno;[183] de allí, el último de todos en el tiempo y el de historia más ruidosa, nuestro Erígena, trajo la filosofía alejandrina a la sombra de un comentario sobre Los nombres divinos del pseudo-Areopagita. Porque Escoto sabía hasta griego, como lo manifestó en la traducción de dicho libro, y estaba amamantado en Plotino, y, sobre todo, en Proclo, por donde vino a ser el filósofo más notable de su siglo y la primera de las grandes personalidades que hallamos en la historia del escolasticismo.[184]

El sistema del arrojado pensador irlandés es un panteísmo puro como el de Espinosa. Antes de llegar a él proclama la absoluta libertad del pensamiento; ¡del pensamiento, que él ha de matar luego mediante la absorción

---

183 Véase la curiosa disertación de B. Haureau sobre las escuelas de Irlanda en sus *Singularités historiques et littéraires.*

184 Escoto Erígena.
Johannes Scottus Erigena und dessen Gewährmànner in seinem Werke. De divisione naturae libri V.
(*Studien zur Geschichte der Theologie und der Kirche herausgeg.* von N. Bonwetsch y R. Seeberg, tomo 9 fasc. 2 [Leipzig, Dietrich, 1902] 8.º, páginas.)
Los escritos de Escoto Erígena, publicados por Floss, están en el tomo 122 de la *Patrología* Latina de Migne. Es edición muy imperfecta, y a mejorarla tienden este trabajo el doctor Dräseke y una obra escrita en ruso por Brilliantof con el título de Influencia de la teología oriental sobre la occidental en las obras de Juan Escoto Erígena (San Petersburgo 1898). Dräseke, resumió las conclusiones de esta obra en un artículo del *Zeitschrift für Wissenschaftliche Theologie* (tomo 47).

en la esencia divina![185] En el tratado *De divisione naturae*[186] sostiene que la autoridad procede de la razón, y no la razón de la autoridad, por donde toda autoridad no fundada en razón es autoridad sin valor; todo esto sin hacer distinción entre la autoridad divina y la humana. En el *De divina praedestinatione* confunde los límites y las esferas de la razón y de la fe, identificando en

185 Teoría de las ideas en Escoto Erígena, en santo Tomás y en Duns Scoto.

Escoto Erígena, *De divisione nat.*, lib. 2, cap. 2: «Ideae quoque, id est species et formae, in quibus rerum omnium faciendarum, priusquam essent, immutabiles rationes conditae sunt, solent vocari; et nec immerito sic appellantur, quoniam Pater, hoc est principium omnium, in Verbo suo, unigenito videlicet Filio, omnium rerum rationes, quas faciendas esse voluit, priusquam in genera et species numerosque atque differentias, caeteraque quae in condita creatura aut considerari possunt et considerantur, aut considerari non possunt prae sui altitudine, et non considerantur et tamen sunt, praeformavit».

Santo Tomás, *Summa Theologica* 1, q. 15 a. 1: «Respondeo dicendum quod necesse est ponere in mente divina ideas. Idea enim graece, latine forma dicitur unde per ideas intelliguntur formae aliarum rerum praeter ipsas res existentes. Forma autem alicuius rei praeter ipsam existens ad duo esse potest, vel ut sit principium cognitionis ipsius, secundum quod formae cognoscibilium dicuntur esse in cognoscente. Et quantum ad utrumque est necessarium ponere ideas; quod sic patet: In omnibus enim, quae non a casu generantur, necesse est formam esse finem generationis cuiuscumque. Agens autem non ageret propter formam, nici in quantum similitudo formae est in ipso. Quod quidem contingit dupliciter. In quibusdam enim agentibus praeexistit forma rei fiendae, secundum esse naturale, sicut in hisquae agunt per naturam; sicut homo generat hominem, et ignis ignem. In quibusdam vero secundum esse intelligibile, ut in his quae agunt per intellectum; sicut similitudo domus praeexistit in mente aedificatoris: et haec: potest dici idea domus, quia artifex intendit domum assimilare formae quant mente concepit. Quia igitur mundus non est casu factus, sed est factus a Deo per intellectum agente, necesse est quod in mente divina sit forma ad similitudinem cuius mundus est factus. Et in hoc consistit ratio ideae».

Duns Scoto, in I. Sent., dist. 25: «Idea est ratio aeterna in mente divina, secundum quam aliquid est formabile ad extra, ut secundum propriam rationem eius» (Alzog. III 164).

Goerres, *La Iglesia y el Estado*, páginas 91-94 (Weisemburg 1842): «La raíz más honda de las ideas universales está en el mismo Logos: son las ideas, los principios según los cuales han sido hechas todas las cosas, y que el Criador ha implantado en el espíritu humano para servirle de principio de toda ciencia».

186 Lib. 1, cap. 71.

el hombre la filosofía, el estudio de la ciencia y la religión, es decir, el fin, los medios, el término superior. (*Non aliam esse philosophiam, aliudve sapientiae studium, aliamve religionem.*)

Persuadido, pues, de que no hay más ciencia ni religión que la filosofía, ni más filosofía que el panteísmo de los últimos alejandrinos, levanta el edificio de su singular Teodicea, fundada en la unidad de naturaleza, que se determina en cuatro formas o diferencias; una increada y creadora, otra creada y creadora; la tercera, creada y que no crea; la cuarta, ni creadora ni creada.

La sustancia, ousía, el ente absoluto, la primera categoría, se desarrolla en la primera forma, accidente o diferencia, y es Dios, principio de las cosas, porque las engendra; medio, porque las sustenta; fin, porque todas tienden hacia Él. El ser en la forma segunda es el Verbo; las Ideas arquetipas, los universales. En la tercera categoría está el mundo sensible, creado y perecedero por absorción o palingenesia en los universales, como éstos a su vez han de tornar a la unidad, resultando la cuarta y definitiva forma, que ni crea ni es creada.[187]

---

187 Escoto Erígena.

Staudenmaier (Doctrina de Juan Escoto sobre el poder de conocer del espíritu humano: *Revista teológica de Friburgo*, III, páginas 239-322). «Quid est aliud de philosophia tractare, nisi verae religionis, qua summa et principalis omnium rerum causa et humiliter colitur et rationabiliter investigatur, regulas exponere? Conficitur inde veram esse philosophiam veram religionem, conversimque veram religionem esse veram philosophiam» (*De divina praedestinatione*, en Mauguin, tomo 1, página 111).

Erígena tenía probablemente a la vista este pasaje de san Agustín (*De vera religione*, cap. 5): «Sic: enim creditur et docetur, quod est humanae salutis caput, non aliam esse philosophiam, id est sapientiae studium, et aliam religionem, cum Il quorum doctrinam non approbamus nec secramenta nobiscum communicant». Proposiciones como las siguientes (*De divisione naturae*, lib. 1, cap. 42), en que pregunta: «Deus ergo non erat priusquam omnia faceret? Non erat», debía necesariamente espantar; mas no habría debido olvidarse la solución dada en el libro 2: «Omnis autem creatura incipit esse, quia erat, quum non erat; erat in causis quidem, non erat in effectibus: non omnino igitur verae aeternitati coaeterna est». *De divisione naturae*, lib. 2, cap. 35: «Vestigia quaedam sunt atque theophaniae veritatis; non autem ipsa veritas, quae superat omnem theoriam non solum rationalis, verum etiam intellectualis creaturae».

Todo esto trasciende a gnosticismo; en cambio, la doctrina de Juan Escoto sobre el mal y la pena, la predestinación y el pecado, es casi del todo origenista. Admitido con los ortodoxos que el mal es privación y accidente, niega que Dios pueda predestinar a la muerte eterna. Pero, como es esencialmente bueno, predestina a la final bienaventuranza. Niega por de contado el hereje irlandés la eternidad de las penas.[188]

Tal era, en breves términos cifrada, la doctrina que el Erígena explanaba en el libro *De divina praedestinatione*. Hízose cargo Prudencio de la mag-

---

El lib. 1, cap. 13, ait: «Non enim Deus moveri inchoat ut ad statum quemdam perveniat; hace igitur nomina, sicut el multa similia, ex creatura, per quandam divinam metaphoram ad Creatorem referuntur, nec irrationabiliter, cum omnium quae in statu et motu sunt, causa est; ab eo enim incipiunt currere ut sint, quoniam est principium omnium, et per eum ad eum naturali motu feruntur, ut in eo incommutabiliter atque aeternaliter stent, cum finis quiesque omnium est; nam ultra nihil appetunt. In eo enim sui motus principium finemque inveniunt. Deus enim currens dicitur, non quia extra se currat, qui semper in se ipso immutabiliter stat, quia omnia implet; sed quia omnia currere facit ex non existentia in existentiam». En cuanto a la filosofía, y especialmente en cuanto a las relaciones entre la fe y la ciencia, siguió la doctrina de san Agustín. Admitió que la fe es antes que la ciencia y que ésta necesita de aquélla para su completo desarrollo.

«Non alia fidelium animarum salus est, quam de uno omnium principio quae vere praedicantur credere, et quae vere creduntur intelligere» (*De divisione naturae*, lib. 2, cap. 20).

«Ratiocinationis exordium ex divinis eloquiis assumendum esse aestimo. Ex ea enim omnem veritatis inquisitionem initium sumere necessarium est» (*De divisione naturae*, lib. 2, cap. 15).

«O Domine Iesu, nullum alium praemium, nullam aliam beatitudinem, nullum alium gaudium a te postulo, nisi ut ad purum, absque ullo errore fallacis theoriae, verba tua, quae per tuum Sanctum Spiritum inspirata sunt, intelligam. Haec est enim summa felicitatis meae, finisque perfectae est contemplationis» (*De divisione naturae*, lib. 5, cap. 38).

También pertenece aquí este pasaje *De divisione naturae*, lib. 71: «Rationem priorem esse natura, auctoritatem vero tempore, didicimus. Auctoritas siquidem ex vera ratione processit».

El autor tenía, probablemente, a la vista las palabras de san Agustín (*De ordine* II 9): «Tempore auctoritas, re autem ratio prior est» (Alzog, II 391-392).

188 En esta exposición he seguido (compendiándola, cual cumple a mi intento) la de Haureau, *De la philosophie scolastique*.

nitud del peligro, y procuró neutralizar aquella máquina de guerra, movida, quizá contra voluntad propia, por un ingenio sutil y paradójico. Tales intentos muestra el libro que Mauguin (Maguinus) sacó de la abadía corbeiense y dio a pública luz en el siglo XVII con el título de *S. Prudentii Episcopi Tricassini de praedestinatione contra Ioannem Scotum seu Liber Ioannis Scoti correctus a Prudentio*,[189] el cual va dirigido a Wenilon, arzobispo de Sens.

Al refutar los diecinueve capítulos del libro de Escoto, cuidó con diligencia Prudencio de arrancar las raíces del mal, demostrando en el primer capítulo la legitimidad de la fe, lo limitado de nuestra razón y la absoluta imposibilidad de resolver solo por la ciencia del Quadrivio una cuestión teológica.

Sostenía Erígena que la predestinación en Dios es solo una, como una es su esencia. Y Prudencio responde: «Aunque la esencia de Dios sea indudablemente simple y no susceptible de ninguna multiplicación, las cosas que de ella como esenciales se predican, pueden sin contradicción decirse como múltiples, y así se hallan en las Sagradas Escrituras. Unas veces se dice la voluntad de Dios, en singular; otras veces las voluntades, sin que por esto se entienda tratar de muchas esencias, sino de los varios efectos de la voluntad, que, según su congruencia y diversidad, son múltiples. Podemos, pues, decir que Dios predestinó para la gloria y predestinó para la pena, mostrando en lo uno su misericordia, y en lo otro su justicia».

Conforme Prudencio con algo de lo que del libre albedrío escribió Escoto, no lo está en cuanto a identificar la naturaleza humana con la libertad, pues, «a consecuencia del pecado original, el libre albedrío quedó tan menoscabado, débil y enfermo, que necesita del auxilio de la divina gracia para determinarse al bien y ejecutarlo, aunque el hombre no haya perdido por eso su esencia o sustancia». «¿Quién no sabe que el ánima racional es y que en ella residen el saber y el querer? Pero el ser es su naturaleza y sustancia:

---

189 *Vindiciae Praedestinationis et gratiae*: continentes historiam et chronicam synopsim, cum genuina dissertatione et pacifica operis coronide (París 1650) 2 tomos. El autor era consejero del rey de Francia. Su obra es una compilación de todos los escritos del siglo IX relativos a esta controversia.*

---

* Prudencio Galindo.
Mauguin (*Veterum auctorum qui saeculo IX de praedestinatione et gratia scripserunt, opera et fragmenta* [París 1650] 2 vols. en 4.º), Alzog, II 396.

el querer y el saber no son más que atributos de la sustancia... De la misma suerte, el querer es de la naturaleza, pero el querer el bien o el mal no es de la naturaleza, sino movimiento y oficio de la naturaleza, pues de otra manera no hubiera vicio ni virtud en nosotros. Caído el hombre en pecado, no perdió su ser natural, no perdió el querer, pero sí perdió el bien querer e incurrió en el querer mal. Torcióse su naturaleza, pero no se perdió. Resintióse la salud del alma y el vigor de la buena voluntad. Si el acto de la voluntad fuese sustancia, nunca sería malo, porque todas las obras de Dios son buenas.»[190]

«La presencia y predestinación de Dios no es causa del pecado, de la pena o de la muerte, porque no compete ni obliga a nadie a pecar para que pecando sufra el castigo ni la muerte. Dios es el juez y el vengador del pecado. Él dispuso y juzgó que los que con certeza sabía que habían de pecar y perseverar en el pecado, fuesen luego castigados con merecidas penas...» «Se dice que Dios pre-supo los pecados, la muerte o la pena; pero nunca he leído, ni lo ha dicho ningún católico, que Dios predestinase o pre-ordenase el pecado.»[191]

Y aquí estaba el error de Escoto Erígena: en confundir los términos presciencia y predestinación, sin considerar que ni una ni otra «obran con violencia de necesidad sobre los futuros contingentes, pues aunque todo lo que Dios ha presabido o predestinado tiene que suceder, no sucede porque haya sido predestinado, sino que ha sido predestinado porque sabe que el pecador ha de vivir mal y perseverar obstinadamente en sus malas obras... Y,

---

190 Prudencio exagera algo esta doctrina o la expone en términos demasiado crudos en algunas partes: «Si igitur perdidit post peccatum vigorem et potestatem, procul dubio perdidit et libertatem, quoniam qui ex se ruere potuit, nequaquam per se surgere valuit. Quomodo est libera si infirma?... Quomodo libera dicitur quae recte videre non vult? Quomodo libera praedicatur quae si recte videre velit, non possit? Quis caecus lumen videre possit, si velit? Quis claudus aut debilis vel agere vel ambulare possit si velit: potest ei inesse voluntas: nunquid libertas?».

191 Gracia y libre albedrío.
San Anselmo de Canterbury: «Haec prima sit agendorum regula: Sic Deo fide, quasi rerum successus omnis a te, nihil a Deo penderet; ita tamen eis operam omnem admove, quasi tu nihil, Deus omnia solus sit facturus». «Sic spera misericordiam ut metuas iustitiam; sic te spes indulgentiae erigat ut metus gehennae semper affligat.» (Alzog, II 65.)

como la justicia de Dios es innegable, síguese que también lo son la predestinación y preparación».

Al negar Escoto la eternidad de las penas[192] y que éstas fueran distintas del pecado, fundábase en el principio de que la naturaleza no castiga a la naturaleza, como si la naturaleza de Dios y la del hombre fuesen idénticas. También se opuso Prudencio en los últimos capítulos de su libro a esta doctrina, mostrando su fundamento panteísta. En el mismo grosero sistema se apoyaba el maestro palatino para suponer única la predestinación, como única es la sustancia de Dios, a lo cual brillantemente contesta Prudencio que «la disposición, la ordenación y los efectos, pueden ser múltiples, aunque la esencia sea única, porque la sabiduría, la verdad, la bondad, se dicen de Dios esencialmente; la predestinación y la presciencia, relativa».

La obra del obispo de Troyes es, en lo demás, un tejido de sentencias de los Padres, especialmente de san Gregorio, san Jerónimo, san Agustín y san Fulgencio.[193] De ella juzgaron así los benedictinos, autores de la *Histoire littéraire de la France*:[194] «Hay pocas obras de controversia de este tiempo en que se hallen más riqueza teológica, mejor elección en las pruebas, mayor fuerza y solidez en los argumentos, más exactitud y precisión en la frase. Supera bastante a la de Floro de Lyón».

No sabemos si contestó Erígena, cuya huella se pierde muy luego, ignorándose toda circunstancia de los últimos años de su vida. En 853 tornó Prudencio a sostener sus opiniones en una epístola *Tractoria*, que, transmitida por su vicario Arnaldo a Wenlon y otros obispos de la provincia de Sens, fue aprobada por Eneas, obispo electo de París, en cuya elección había consentido Prudencio. En cuatro proposiciones formula allí la doctrina de

---

192 Para Escoto, como para Orígenes, la pena no es cosa distinta del pecado, sino el pecado mismo, o más bien, la ausencia de felicidad. El fuego eterno no está, según el Erígena, praedestinado lo mismo para los buenos que para los malos; unos tendrán allí beatitud; los otros, suplicio.

193 Véase en el tomo 14, de la *Bibliotheca Veterum Patrum*.

194 Tomo 5 (1740), páginas 240-254, se hallan las noticias de Prudencio.

san Agustín contra los pelagianos; Mauguin publicó esta carta[195] por primera vez.[196]

Ninguno de estos escritos agradó a Hincmaro, quien por despecho hizo correr la voz de que Prudencio era hereje y que había consentido en los errores de Escoto. En el citado libro *De praedestinatione Dei* reprende estas

---

195 Página 176 de sus *Vindicias*, tomo 2.

196 Para Orosio.

Predestinación y libre albedrío.

—Pelagianismo. Principales proposiciones de Pelagio.

Mar. Mercat., *Commonitorium*, cap. 1, n.º 3 (Galland, *Bibliotheca Patrum*, tomo 8, página 615).

I. Adam mortalem factum, qui sive peccaret, sive non peccaret, fuisset moriturus.

II. Quoniam peccatum Adae ipsum solum laesit, et non genus humanum.

III. Quoniam infantes, qui nascuntur, in eo statu sunt in quo Adam fuit ante praevaricationem.

IV. Quoniam neque per mortem Adae genus hominum moriatur, quia nec per resurrectionem Christi omne genus hominum resurgit.

V. Quoniam infantes, etiamsi non baptizentur, habeant vitam aeternam.

VI. Posse esse hominem sine peccato et facile Dei mandata servare; quia et ante Christi adventum fuerunt homines sine peccato; et quoniam lex sic mittit ad regnum coelorum, sicut Evangelium.

San Agustín contra Pelagio (Alzog, II 66).

«Gratia excitans seu praeveniens, adiuvans seu comitans, executiva seu consequens.»

Semipelagianos.

«La doctrina de los semipelagianos fue solemnemente condenada en los concilios de Crange (529) y de Valencia (530), en los cuales se formuló como doctrina de la Iglesia que el comienzo de la fe es fruto exclusivo de la gracia; que la gracia, libremente otorgada, precede a toda buena acción practicada por el hombre, y que los que son regenerados como elegidos tienen necesidad de la gracia divina para perseverar en el bien. Estas decisiones fueron confirmadas por el papa Bonifacio II.

»La Iglesia, según las terminantes explicaciones del papa Celestino, ha abandonado al juicio particular lo que se debe pensar acerca del modo de la predestinación y de la Propagación del pecado original, sin que haya erigido de ninguna manera en dogmas las opiniones de san Agustín.» «Profundiores vero difficilioresque partes incurrentium quaestionum, quas latius pertractarunt qui haereticis restiterunt, sicut non audemus contemnere ita non necesse habemus adstruere:

proposiciones de Prudencio, todas las cuales tienen sentido católico, aunque alguna parezca dura en la expresión. Primera: Dios Predestinó a unos gratuitamente a la vida; a otros, por su inescrutable justicia, a la pena. (*Quosdam a Deo fuisse gratuito praedestinatos ad vitam, quosdam imperscrutabili iustitia praedestinatos ad poenam.*) Pero lo explica luego en estos términos: Pero no Predestiné sino lo que por su presciencia sabía que iba a acontecer, según aquello del profeta: *Qui fecit quae futura sunt.* (*Ut id videlicet sive in damnandis, sive in salvandis praedestinaverit quod se praescierat esse judicando facturum.*) La segunda proposición es: La sangre de Cristo fue derramada por todos los creyentes, pero no por los que nunca creyeron, ni hoy creen, ni han de creer jamás. (*Sanguinem Christi pro omnibus fusum credentibus: non vero pro his qui nunquam crediderunt, nec hodie credunt, nec unquam credituri sunt.*) La tercera: Dios puede salvar a todos los que quiera; nadie se puede salvar sin su auxilio, y los que no se salvan, no es voluntad de Dios que se salven. (*Deum omnipotentem omnes quoscumque vult, posse salvare, nec aliquem possit salvari nisi quem ipse salvaverit, et qui non salvantur, non esse Dei voluntas ut salventur.*) Téngase presente aquí, como ya advirtió N. Antonio, la distinción establecida por santo Tomás entre la voluntad antecedente y la subsiguiente.

El rumor esparcido por Hincmaro fue acogido después de la muerte de Prudencio por el autor de los *Anales bertinianos*, escritos en la diócesis de Reims. Allí se lee que Prudencio, después de haber combatido a Godescalco (lo cual no consta en parte alguna), se hizo acérrimo defensor de la herejía por odio a algunos obispos, y prosiguió escribiendo contra la fe mientras

---

quia ad confitendum gratiam Dei, cuius operi ac dignationi nihil penitus subtrahendum est, satis sufficere credimus, quidquid secundum praedictas regulas apostolicae sedis nos scripta docuerunt...» (*Carta del papa Celestino a los obispos galos*, en Mansi, tomo 4, páginas 455 y 462).
El cardenal Sadoleto, defendiéndose de los reparos hechos a sus comentarios sobre la *Epístola a los Romanos*, decía: «Nec tamen, si non consentio cum Augustino, idcirco ab Ecelesia catholica dissentio: quae tribus tantum Pelagii capitibus improbatis, caetera libera ingeniis et disputationibus reliquit».

le duró la vida.[197] La falsedad de estas acusaciones salta a la vista, y más si consideramos que el anónimo redactor de esos *Anales*, partidario fanático de Hincmaro, llamaba herejía a la doctrina de san Agustín, sostenida por Godescalco y Prudencio, y trata con igual injusticia a Rothado, obispo de Soissons, y al papa Nicolás I.

Cuando en el siglo XVII los jansenistas renovaron la cuestión de la gracia y de la predestinación, salió a plaza el nombre de Prudencio, y fueron puestos en luz sus escritos por Gilberto Mauguin. En cambio, Jacobo Sirmond[198] y algún otro jesuita se inclinaban a tener por predestinacionista a Prudencio. La lectura de sus obras disipó este error, nacido de cavilaciones y mala voluntad de Hincmaro.

Escribió Prudencio, además de sus tratados dogmáticos y de controversia, unos Anales de Francia, citados por Hincmaro en la epístola 24 a Egilon, obispo de Sens. El pasaje que allí copia se refiere a la aprobación dada en 859 por el papa Nicolás I a la doctrina de la doble predestinación que nuestro obispo defendía. Según parece, estos Anales, presentados por Prudencio a Carlos el Calvo, no se conservaron, ni en modo alguno han de confundirse con los bertinianos, obra de algún enemigo de Godescalco.

Mabillon dio a luz en el tomo IV de sus *Analecta*[199] una breve carta de Prudencio a su hermano, obispo en España.

También cultivó Galindo el panegírico y la piadosa leyenda, como es de ver en la *Vida de santa Maura, virgen de Troyes*, citada por G. Barthio

---

197 «Qui ante aliquot annos Gotescalcho Praedestinatiano restiterat, post felle commotus contra quosdam Episcopos... ipsius haeresis defensor acerrimus, indeque non modica inter se diversa et fidei adversa scriptitans, moritur.»

198 Véase, lib. *Sirmondi Praedestinatum, sive Praedestinatorum haeresis et libri S. Augustino temere adscripti refutatio...* (1643).
—Historia Praedestinatiana (1647).
—Sirmond era congruista. Refutáronle varios, entre ellos Mauguin, en las *Vindiciae*, donde está incluida la disertación que se rotula *Gotescalchanae controversiae historia et chronica*.
Véanse acerca de Prudencio (además de las obras citadas y del cap. 11, libro 6 de N. Antonio, que recogió con diligencia los datos anteriores), las monografías de Peder Hyort, Holler, etc., sobre Juan Escoto Erígena.

199 Páginas 324 y 325.

(*Adversariorum* página 18, cap. 2). Puede leerse al fin de la biografía de Prudencio compuesta por el abate Breyer y en otras partes.

No se desdeñó el venerable obispo de unir a sus demás lauros el de la poesía. Nicolás Camusat[200] y Gaspar Barthio[201] insertan unos versos elegíacos puestos por Prudencio al frente de un libro de *Evangelios* que regaló a la iglesia de Troyes. Al final de la carta a su hermano hay un dístico, en que el autor declara su patria.

Inéditos se conservan varios opúsculos, formados en general de pasajes de la Sagrada Escritura diestramente engarzados en el hilo del razonamiento. Tales son: *Praecepta ex veteri et novo Testamento*; *Collectanea ex quinquaginta Psalmis*, etc. Véanse los códices 3761 y 4598 de la Biblioteca Nacional de París, antiguo fondo latino, donde también se conserva en un códice del siglo X (n.º 2443) la refutación a Escoto Erígena. Parece que se han perdido otros opúsculos prudencianos, entre ellos la Instructio pro iis qui ad sacros Ordines promovendi sunt y el Canon de poenitentia. El aclarar este y otros puntos semejantes, así como el análisis más detenido de las controversias con Hincmaro y Erígena, queden reservados para el futuro biógrafo e ilustrador de las obras de Prudencio, de quien solo he tratado en el modo y límites que consiente este libro, atento a disipar la acusación de heterodoxia fulminada por escritores ligeros o prevenidos contra el español ilustre, a quien llamó Andrés du Saussay honra y delicia de los obispos de su tiempo, defensor de la fe y único oráculo de la ciencia sagrada.

De esta suerte brillaba en las Galias la ciencia española o isidoriana, *l'ardente spiro d'Isidoro*, que diría Dante, a la vez que lanzaba en Córdoba sus últimos resplandores durante el largo martirio de la gente muzárabe. Aún no ha sido bien apreciada la parte que a España cabe en el memorable renacimiento de las letras intentado por Carlomagno y alguno de sus sucesores. Apenas ha habido ojos más que para las escuelas irlandesas y bretonas, para los Alcuinos, Clementes, Dungalos y Erígenas. No han olvidado Francia ni Germania a Agobardo, Jonás, Hincmaro, Rabano Mauro, ni Italia a Paulo el Diácono, ni a Paulino de Aquileya. Pero conviene recordar asimismo que

---

200 *Promptuarium antiquitatum Tricassianae Dioecesis*. Habla de Prudencio desde el, fol. 163 en adelante y vindica su ortodoxia.

201 *Adversariorum*, lib. 18, cap. 2.

España dio a la corte carolingla su primer poeta en Teodulfo, el obispo de Orleáns,[202] autor del himno de las palmas (*Gloria, laus et honos*, etc.); su primer expositor de la Escritura, en Claudio; su primer controversista, en Prudencio Galindo. Las tres grandes, por no decir únicas cuestiones teológicas de la época, el adopcionismo, el culto de las imágenes y la predestinación, fueron promovidas y agitadas por españoles: Félix, Claudio de Turín, Prudencio. En el que podemos llamar primer período de la Escolástica, desde Alcuino a Berengario, la ciencia española está dignamente representada hasta por infelices audacias, que vino a superar Escoto Erígena, figura aparte, y que por la originalidad no admite parangón, justo es decirlo.

Si alguno objetare que esa ciencia era compilatoria y de segunda mano, lo cual no todas las veces es exacto, podrá responderse que otro tanto acontece con la de Alcuino. y la de Beda, y en el siglo VII, con la de Casiodoro, y que, en tiempos de universal decadencia y feroz ignorancia, harto es conservar viva la tradición eclesiástica y algunos restos de la cultura clásica, aunque poco o nada se acreciente la herencia. Pero ¿cómo no mirar con veneración y cariño a aquel san Eulogio, que para recibir el martirio tomaba a Córdoba cargado con los libros de Virgilio, de Horacio y de Juvenal, leídos con intenso y vivísimo placer, quizá mayor que el nuestro, pues era más Virgen y puro, por Álvaro y los demás muzárabes andaluces, siempre bajo el amago de la cuchilla sarracena? Y si oímos las proféticas palabras con que el abad Samsón, al censurar la barbarie de Hostegesis, anuncia que la luz del Renacimiento disipará algún día tales nieblas; y vemos al Teodulfo desde la cátedra episcopal de Orleáns fundar escuelas en todas las aldeas (a. 20 de sus Capitulares o Constituciones),[203] y exhorta a sus discípulos al cultivo de la poesía y corregir sus versos; si paramos mientes en que Claudio fue enviado

---

202 La patria de Teodulfo ha sido puesta en claro por Lampillas, Masdéu y Haureau.
203 Época carolingia.
   —Teodulfo.
   «Teodulfo, obispo de Orleáns, que murió en 821, fundó en su diócesis escuelas populares, a imitación de las cuales no tardaron en establecerse otras muchas.»*

---

* Su infatigable actividad se manifiesta particularmente en su capitular «ad parochiae suae sacerdotes», ann. 797 (Mansi, XIII, página 965 y siguientes). Alzog, II 247.

a las comarcas subalpinas para combatir la ignorancia, que era allí espantosa, ¿cómo no pronunciar con respeto y conservar en buena memoria estos nombres de sabios del siglo IX? ¿Cómo negar que España llevó honrosamente su parte a la restauración intelectual?

El principal asiento de ese saber, que llamamos isidoriano por tener su fuente primera en el libro de las *Etimologías*, era, a no dudarlo, la parte oriental de España, sobre todo Cataluña. Allí se educaron los extranjeros Usuardo y Gualtero; allí acudió el insigne Gerberto, elevado en 999 a la Silla de san Pedro con el nombre de Silvestre II. Cosa es hoy plenamente demostrada[204] que no frecuentó escuelas arábigas, y que debió toda su ciencia al obispo de Ausona (Vich), Atto o Atton, famoso matemático, como lo fueron sus discípulos José Hispano, llamado el sabio, autor del tratado *De la multiplicación y división de los números*,[205] y Bonfilo y Lupito, obispos más tarde de Gerona y Barcelona. En la compañía de éstos, y bajo el magisterio del primero, puso a Gerberto, enviado a España por el abad Giraldo, el conde de Barcelona Borrel II. Acontecía esto en el más oscuro, bárbaro y caliginoso de los siglos: en el X.

No encontramos en él ninguna heterodoxia. A los principios del siglo XI penetraron en España algunos italianos, partidarios de la llamada herejía gramatical. Había llegado a tal extremo en los países latinos la barbarie, el desprecio del sentido común y el abuso del principio de autoridad, que algunos creían como artículo de fe cuanto hallaban en cualquier libro. Tal aconteció a un gramático de Ravena, Vilgardo, el cual, si nos atenemos al testimonio del monje cluniacense Glaber, prefería a las doctrinas del Evangelio las fábulas de los poetas gentiles, señaladamente de Virgilio, Horacio y Juvenal, quienes, según la leyenda del mismo cronista, se le aparecieron una noche en sueños ofreciéndole participación en su gloria. Animado con esto, enseñó que todos los dichos de los poetas debían ser creídos al pie de la letra. Pedro, arzobispo de Ravena, le condenó como hereje. Sus discípulos italianos pasaron de la

---

204 Véase este punto, ampliamente dilucidado, en el cap. 15, página 1.ª de la *Historia de la literatura española*, del señor Amador de los Ríos, y en el estudio acerca de Gerberto II y la tradición isidoriana, publicado por el mismo escritor en la *Revista de España*.

205 *De multiplicatione et divisione numerorum Iosephus Hispanus sapiens sententias quasdam edidit* (epístola 25 de Gerberto).

isla de Cerdeña a España. No sabemos que tuvieran secuaces, porque aquí termina la historia.[206]

Hemos llegado a una de las grandes divisiones de este trabajo y aun de nuestra historia general. En el año del Señor 1085 cumplióse el más grande de los esfuerzos de la Reconquista. El 25 de mayo, día de san Urbano, Toledo abrió sus puertas a Alfonso VI. Los hechos que a éste inmediatamente siguieron, truecan en buena parte buen aspecto de nuestra civilización; dos contradictorios influjos, el ultrapirenaico, que nos conduce a la triste abolición del rito muzárabe; el oriental, que nos inocula su ciencia, de la cual, en bien y en mal, somos intérpretes y propagadores en Europa. Con este carácter aparecerán en el libro siguiente Domingo Gundisalvo, Juan Hispalense y el español Mauricio.[207] Merced a ellos, el panteísmo arábigo-judaico, el de Avicebrón primero, el de Aben-Roxd después, penetra en las escuelas de Francia, y engendra, primero, la herejía de Amaury de Chartres y David de Dinant; luego ese averroísmo, símbolo de toda negación e incredulidad para los espíritus de la Edad media, especie de pesadilla que, no ahuyentada por los enérgicos conjuros del Renacimiento, se prolonga hasta muy entrado el siglo XVII en la escuela de Padua y no sucumbe sino con el Cremonini.[208]

A tan peregrina transformación de la ciencia escolástica hemos de asistir en el capítulo que sigue.

---

206 Glaber, Historiarum temporis sui; en Bouquet, *Recuil des Historiens des Gaules* (París 1739), tomo 10, página 23.

207 El español Bernardo, apóstol de Pomerania.
«En el siglo XII los pomeranios despreciaron por su exterior humilde y pobre al sacerdote español Bernhard, que les había sido enviado como misionero. ¿Cómo —dirían ellos— puede servirse el Señor del cielo y tierra de un mendigo para su representante? Juan de Müller dice muy bien sobre este punto. Los bárbaros no conocían aún las cosas interiores; era preciso que sus señores fueran magníficos como obispos y extraordinarios como los solitarios» (*Historia de Suiza* [Stuttgart 1832] en 16.º, tomo 1, página 138).

208 Pomerania.-Evangelización de este país.
«Un sacerdote español, llamado Bernardo, delegado por el papa, quiso anunciar el Evangelio en este país en 1122, pero la pobreza de su exterior le atrajo el desprecio de este pueblo grosero. Pues ¿cómo el dueño del mundo habría enviado un pordiosero —decían— para representarle? Bernardo tomó el camino de Bamberga, desde donde, después de las victorias de Boleslau, fue invitado

el obispo Otón a predicar el Evangelio a la Pomeriana. Autorizado por el papa Calixto II, y queriendo sacar partido de la triste experiencia de Bernardo, Otón emprendió el camino hacia la Pomeriana occidental en 1124, llevando consigo un numeroso y magnífico acompañamiento» (ALZOG, III 197).

Libros a la carta

A la carta es un servicio especializado para
empresas,
librerías,
bibliotecas,
editoriales
y centros de enseñanza;
y permite confeccionar libros que, por su formato y concepción, sirven a los propósitos más específicos de estas instituciones.

Las empresas nos encargan ediciones personalizadas para marketing editorial o para regalos institucionales. Y los interesados solicitan, a título personal, ediciones antiguas, o no disponibles en el mercado; y las acompañan con notas y comentarios críticos.

Las ediciones tienen como apoyo un libro de estilo con todo tipo de referencias sobre los criterios de tratamiento tipográfico aplicados a nuestros libros que puede ser consultado en Linkgua-ediciones.com.

Linkgua edita por encargo diferentes versiones de una misma obra con distintos tratamientos ortotipográficos (actualizaciones de carácter divulgativo de un clásico, o versiones estrictamente fieles a la edición original de referencia).

Este servicio de ediciones a la carta le permitirá, si usted se dedica a la enseñanza, tener una forma de hacer pública su interpretación de un texto y, sobre una versión digitalizada «base», usted podrá introducir interpretaciones del texto fuente. Es un tópico que los profesores denuncien en clase los desmanes de una edición, o vayan comentando errores de interpretación de un texto y esta es una solución útil a esa necesidad del mundo académico.

Asimismo publicamos de manera sistemática, en un mismo catálogo, tesis doctorales y actas de congresos académicos, que son distribuidas a través de nuestra Web.

El servicio de «libros a la carta» funciona de dos formas.

1. Tenemos un fondo de libros digitalizados que usted puede personalizar en tiradas de al menos cinco ejemplares. Estas personalizaciones pueden ser de todo tipo: añadir notas de clase para uso de un grupo de estudiantes,

introducir logos corporativos para uso con fines de marketing empresarial, etc. etc.

2. Buscamos libros descatalogados de otras editoriales y los reeditamos en tiradas cortas a petición de un cliente.

www.ingramcontent.com/pod-product-compliance
Lightning Source LLC
Chambersburg PA
CBHW051731040426
42447CB00008B/1073